国家智库报告 2019(30)
National Think Tank
中国非洲研究院文库·智库系列

中国与津巴布韦友好合作

沈晓雷 著

FRIENDLY COOPERATION BETWEEN
CHINA AND ZIMBABWE

中国社会科学出版社

图书在版编目(CIP)数据

中国与津巴布韦友好合作/沈晓雷著.—北京：中国社会科学出版社，2019.10

（国家智库报告）

ISBN 978-7-5203-5453-0

Ⅰ.①中… Ⅱ.①沈… Ⅲ.①中外关系—友好往来—津巴布韦 Ⅳ.①D822.247.5

中国版本图书馆 CIP 数据核字（2019）第 233483 号

出 版 人	赵剑英	
项目统筹	王　茵	
责任编辑	喻　苗	
责任校对	李　莉	
责任印制	李寡寡	

出　　版	中国社会科学出版社	
社　　址	北京鼓楼西大街甲 158 号	
邮　　编	100720	
网　　址	http://www.csspw.cn	
发 行 部	010-84083685	
门 市 部	010-84029450	
经　　销	新华书店及其他书店	

印刷装订	北京君升印刷有限公司	
版　　次	2019 年 10 月第 1 版	
印　　次	2019 年 10 月第 1 次印刷	

开　　本	787×1092　1/16	
印　　张	9.75	
插　　页	2	
字　　数	100 千字	
定　　价	58.00 元	

凡购买中国社会科学出版社图书，如有质量问题请与本社营销中心联系调换
电话：010-84083683
版权所有　侵权必究

充分发挥智库作用
助力中非友好合作

——《中国非洲研究院文库》总序

当今世界正面临百年未有之大变局。世界多极化、经济全球化、社会信息化、文化多样化深入发展，和平、发展、合作、共赢成为人类社会共同的诉求，构建人类命运共同体成为各国人民共同的愿望。与此同时，大国博弈激烈，地区冲突不断，恐怖主义难除，发展失衡严重，气候变化凸显，单边主义和贸易保护主义抬头，人类面临许多共同挑战。中国是世界上最大的发展中国家，是人类和平与发展事业的建设者、贡献者和维护者。2017年10月中共十九大胜利召开，引领中国发展踏上新的伟大征程。在习近平新时代中国特色社会主义思想指引下，中国人民正在为实现"两个一百年"奋斗目标和中华民族伟大复兴的"中国梦"而奋发努力，同时继续努力为人类做出新的更大的贡献。非洲是发展中国家最集中的大陆，是维护世界和平、促进全球发展的重要力量之一。近年来非洲在自主可持续发展、联合自强道路上取得了可喜进展，从西方眼中"没有希望的大陆"变成了"充满希望的大陆"，成为"奔跑的雄狮"。非洲各国正在积极探索适合自身国情的发展道路，非洲人民正在为实现"2063年议程"与和平繁荣的"非洲梦"而努力奋斗。

中国与非洲传统友谊源远流长，中非历来是命运共同体。中国高度重视发展中非关系，2013年3月习近平同志担任国家主席后首次出访就选择了非洲，2018年7月习近平同志连任国家主席后首次出访仍然选择了非洲。6年间，习近平主席先后4次踏上非洲大陆，访问坦桑尼亚、南非、塞内加尔等8国，向世界表明中国对中非传统友谊倍加珍惜，对非洲和中非关系高度重视。2018年中非合作论坛北京峰会成功召开。习近平主席在此次峰会上，揭示了中非团结合作的本质特征，指明了中非关系发展的前进方向，规划了中非共同发展的具体路径，极大完善并创新了中国对非政策的理论框架和思想体系，成为习近平外交思想的重要理论创新成果，为未来中非关系的发展提供了强大政治遵循和行动指南，是中非关系发展史上又一次具有里程碑意义的盛会。

随着中非合作蓬勃发展，国际社会对中非关系的关注度不断加大，出于对中国在非洲影响力不断上升的担忧，西方国家不时泛起一些肆意抹黑、诋毁中非关系的奇谈怪论，诸如"新殖民主义论""资源争夺论""债务陷阱论"等，给中非关系发展带来一定程度的干扰。在此背景下，学术界加强对非洲和中非关系的研究，及时推出相关研究成果，提升国际话语权，展示中非务实合作的丰硕成果，客观积极地反映中非关系良好发展，向世界发出中国声音，显得日益紧迫重要。

中国社会科学院以习近平新时代中国特色社会主义思想为指导，按照习近平主席的要求，努力建设马克思主义理论阵地，发挥为党和国家决策服务的思想库作用，努力为构建中国特色哲学社会科学学科体系、学术体系、话语体系做出新的更大贡献，不断增强我国哲学社会科学的国际影响力。我院西亚非洲研究所是根据毛泽东主席批示成立的区域性研究机构，长期致力于非洲问题和中非关系研究，基础研究和应用研究并重，出版发表了大量学术专著和论文，在国内外的影响力不断扩大。以西亚非洲研究所为主体于2019年4月成立的中国非洲研究院，是习近平主席在中非合作论坛北京峰会上宣布的加强中非人文交流行动的重要举措。

按照习近平主席致中国非洲研究院成立贺信精神，

中非研究院的宗旨是：汇聚中非学术智库资源，深化中非文明互鉴，加强治国理政和发展经验交流，为中非和中非同其他各方的合作集思广益、建言献策，增进中非人民相互了解和友谊，为中非共同推进"一带一路"合作，共同建设面向未来的中非全面战略合作伙伴关系，共同构筑更加紧密的中非命运共同体提供智力支持和人才支撑。中国非洲研究院有四大功能：一是发挥交流平台作用，密切中非学术交往。办好"非洲讲坛""中国讲坛"，创办"中非文明对话大会"。二是发挥研究基地作用，聚焦共建"一带一路"。开展中非合作研究，定期发布研究课题及其成果。三是发挥人才高地作用，培养高端专业人才。开展学历学位教育，实施中非学者互访项目。四是发挥传播窗口作用，讲好中非友好故事。办好中英文中国非洲研究院网站，创办多语种《中国非洲学刊》。利用关于非洲政治、经济、国际关系、社会文化、民族宗教、安全等领域的研究优势，以及编辑、图书信息和综合协调实力，以学科建设为基础，加强学术型高端智库建设。

为贯彻落实习近平主席的贺信精神，更好汇聚中非学术智库资源，团结非洲学者，引领中国非洲研究工作者提高学术水平和创新能力，推动相关非洲学科融合发展，推出精品力作，同时重视加强学术道德建设,中国非洲研究院面向全国非洲研究学界,坚持立足中国,放眼世界,特设"中国非洲研究院文库"。"中国非洲研究院文库"由中国非洲研究院统一组织出版,下设多个系列丛书:"学术著作"系反映非洲发展问题、发展道路及中非合作等系统性专题研究成果;"经典译丛"主要把非洲学者有关非洲问题研究的经典学术著作翻译成中文出版,力图全面反映非洲本土学者的学术水平、学术观点和对自身的认识;"法律译丛"即翻译出版非洲国家的投资法、仲裁法等重要法律法规;"智库报告"以中非关系为研究主线,为新时代中非关系顺利发展提供学术视角和智库建议;"研究论丛"基于国际格局新变化、中国特色社会主义进入新时代,集结中国专家学者对非洲发展重大问题和中非关系的创新性学术论文。

期待中国的非洲研究和非洲的中国研究在中国非洲研究院成立的新的历史起点上,凝聚国内研究力量,联合非洲各国专家学者,开拓进取,勇于创新,不断推进我国的非洲研究和非洲的中国研究以及中非关系研究,从而更好地服务于中非共建"一带一路",助力新时代中非友好合作全面深入发展。

中国社会科学院副院长 中国非洲研究院院长

蔡　昉

摘要： 津巴布韦是南部非洲具有重要影响力的国家，是中国开展对非合作的重要对象。自1980年建交以来，中国与津巴布韦的友好关系持续深化发展，已经成为中非友好合作的典范。近年来，在中非合作论坛和"一带一路"倡议的推动下，中国与津巴布韦关系进入新的发展阶段，突出表现为两国在2018年4月将双边关系升级为全面战略合作伙伴关系。2018年9月，中国与津巴布韦签署共建"一带一路"合作文件，这不但有利于两国国家发展战略的准确对接和有机融通，而且可使两国在政策沟通、设施联通、贸易畅通、资金融通和民心相通等领域合作的基础上，为两国社会经济发展提供重大契机。

本报告以中国与津巴布韦不断深化的双边关系为基本立足点，系统梳理两国在政治、经济、教育和文化等领域取得的合作成就及中津全面战略合作伙伴关系建立的历程，详细分析中津共建"一带一路"所面临的机遇与挑战，以及共建"一带一路"对津巴布韦实现"2030年愿景"所具有的重要意义。本报告认为，在两国关系新的发展阶段，应提升津巴布韦在共建"一带一路"中的地位、推进两国治国理政交流、加强两国发展经验共享、深化两国经贸领域合作和加强两国民心相通，从而引领两国关系再上新的台阶。

关键词： 中津关系；全面战略合作伙伴关系；"一带一路"倡议；民间外交

Abstract: As one of the countries with significant influence in Southern Africa, Zimbabwe is an important country for China to cooperate with Africa. Since establishing diplomatic relations in 1980, the friendly bilateral relations between China and Zimbabwe have continued to deepen and have become a typical example of China-Africa friendly cooperation. In recent years, under the frameworks of the Forum on China-Africa Cooperation and the "Belt and Road Initiative", the bilateral relations between China and Zimbabwe have entered into a new stage. In April 2018, the two countries promoted their relations into comprehensive strategic cooperative partnership. In September 2018, the two sides signed Belt and Road cooperation document in Beijing. The belt and road cooperation will promote the two sides to cooperate in development strategies, strengthen their closer connectivity in policy, infrastructure, trade, finance and people-to-people ties, and provide great opportunities for their social and economic development.

Based on the deepening relations between China and Zimbabwe, This report will systematically review the achievements in the cooperation between the two countries in the fields of politics, economy, education and culture and process of establishing comprehensive strategic cooperative partnership, provide a detailed discussion of the opportunities and challenges in Belt and Road cooperation, and the significance of the Belt and Road cooperation in assisting Zimbabwe to achieve its "Vision 2030". In order to lead the relations between the two countries into a new stage, this report suggests that China should promote the status of Zimbabwe in the Belt and Road cooperation, and the two counties should exchange their experiences in governance and economic development, strengthen their cooperation in trade and people-to-people exchanges.

Key words: China-Zimbabwe relations, Comprehensive strategic cooperative partnership, "Belt and Road Initiative", people-to-people exchanges

目 录

前言 津巴布韦的国际地位及其影响 ………………（1）

第一章 津巴布韦政治经济和社会法律环境 ……（1）
  一 津巴布韦政治发展进程 ……………………（1）
  二 津巴布韦经济发展状况 ……………………（10）
  三 津巴布韦社会发展状况 ……………………（23）
  四 津巴布韦法律环境 …………………………（28）

第二章 中津关系的发展与全面战略合作伙伴关系的形成 ……………………………………（32）
  一 津巴布韦对外关系的特点与变迁 …………（33）
  二 中津关系的历史与现实基础 ………………（44）
  三 中津全面战略合作伙伴关系的确立 ………（56）

第三章 "一带一路"与中津合作的新机遇 ……（67）
  一 中津共建"一带一路"的机遇与挑战 ……（68）

二　中津共建"一带一路"的主要领域和
　　　进展 ……………………………………………（79）

第四章　民间交往助推中津友好关系发展 ……（104）
　一　津巴布韦华侨华人概况 ……………………（105）
　二　"梦想秀"搭建中津文化交流平台 ………（108）
　三　"爱心妈妈"树立华人正面形象 …………（117）
　四　野生动物保护传递华人正能量 ……………（123）

结语　共建"一带一路",引领中津关系迈上
　　　新阶段 …………………………………（128）
　一　提升津巴布韦在共建"一带一路"中的
　　　地位 ………………………………………（129）
　二　推进两国治国理政交流 ……………………（129）
　三　加强两国发展经验共享 ……………………（130）
　四　深化两国经贸领域合作 ……………………（131）
　五　加强两国民心相通 …………………………（133）

参考文献 …………………………………………（134）

前言　津巴布韦的国际地位及其影响

津巴布韦全称津巴布韦共和国，为南部非洲内陆国家，国土面积约39万平方千米，人口约1690万人。主体民族为绍纳族和恩德贝莱族，分别约占全国人口的84%和14%，其他少数民族包括通加人、文达人、索托人、赫伦韦格人，以及少量白人、印巴人和中国人。官方语言为英语、绍纳语和恩德贝莱语。84%的人信基督教，1%的人信奉伊斯兰教，其他15%的人信奉传统宗教或无宗教信仰。

津巴布韦历史悠久，从公元2世纪开始，班图人取代科伊桑人占领津巴布韦高原。公元10—11世纪，绍纳人迁徙至此，兴起并先后创建津巴布韦王国（12世纪初—15世纪末）、穆塔帕王国（15世纪初—19世纪末）、托尔瓦王国（15世纪中—17世纪末）和罗兹维王国（17世纪末—19世纪中）等政治实体。1839

年，建立于南非的恩德贝莱王国北迁至马塔贝莱兰，后成为津巴布韦最强大的政治实体。与大多数非洲国家相类似，津巴布韦也在19世纪末沦为殖民地并长期遭受殖民统治，直到1980年4月18日才取得独立。

津巴布韦在非洲大陆虽然只能称得上是中等发展水平国家，且由于近年来政局动荡和经济发展缓慢而导致其地位进一步下滑，但就南部非洲而言，它还是具有举足轻重的作用。之所以这么说，原因主要在于以下几个方面。

第一，地理位置重要。津巴布韦为内陆国家，在南部与南非接壤，两国边界线长225千米；在北面与赞比亚为邻，边界线长797千米；东北面连接莫桑比克，边界线长1231千米；西部与博茨瓦纳毗邻，边界线长797千米。津巴布韦在地理上至关重要，是南部非洲南北和东西两条走廊的必经之地，可谓扼南部非洲之咽喉。津巴布韦西北部分别与赞比亚和博茨瓦纳接壤，投资2.53亿美元的卡尊古拉大桥一旦建成，不但将打通横跨南部非洲的南北经济走廊，而且将为津巴布韦在地区内的贸易提供极大便利，从而进一步提升津巴布韦在南部非洲的战略地位。

第二，自然资源丰富。津巴布韦蕴藏着丰富的自然资源，著名的大岩墙地区蕴藏着丰富的钻石、铂族金属、铬、黄金、铜和铁等矿产资源；降水量充沛、光照条件好、土地资源丰富，曾为南部非洲的粮仓；野生动植物资源丰富，万吉国家公园、马纳普斯国家公园等生活着大量大象、狮子、羚羊、河马、鳄鱼、鬣狗和非洲野狗等350多种动物；维多利亚瀑布、大津巴布韦遗址和东部的尼杨戈高地等旅游胜地，每年吸引着大量游客前往参观游览。

第三，交通基础设施情况良好。津巴布韦是南部非洲乃至整个非洲大陆交通基础设施条件比较好的国家，其主要交通方式为铁路、公路和航空，海运主要通过南非和莫桑比克的港口，津巴布韦有公路可直达这些港口。津巴布韦铁路总长4300千米，主要干线为哈拉雷—布拉瓦约—南非，穆塔雷—贝拉，奇夸拉夸拉—马普托，布拉瓦约—万吉—维多利亚瀑布城—卢萨卡。这几条铁路线使津巴布韦与印度洋、大西洋连接，北面与赞比亚、扎伊尔的铁路相衔接。津巴布韦公路总长8.8万千米，国家级公路总长度为1.9万千米，约8500千米为沥青路面（其中5000千米为双车道公路）。哈拉雷为公路交通的枢纽，目前已经修建通往贝特桥、奇龙杜、普拉姆特里、尼亚马潘达、穆塔雷、布拉瓦约和维多利亚瀑布城等的高速公路。津巴布韦目前有3个国际机场，分别为哈拉雷的罗伯特·穆加贝国际机场、布拉瓦约和恩科莫国际机场、维多利亚瀑布城国际机场；8个国内机场，分别为万吉机场、卡里巴机场、迈斯温戈机场、奎鲁机场、穆塔雷机场、Mushumbi Pools 机场、Bumi Hills 机场和 Buffalo Range 机场。维多利亚瀑布城国际机场在 2016 年 11 月完成改扩建工作，罗伯特·穆加贝国际机场正在进行改扩建工作。

第四，与周边国家关系稳定。津巴布韦是南部非洲共同体的成员国，与莫桑比克签有友好条约和防务协定；与安哥拉、纳米比亚和刚果（金）关系密切，签有共同防务协定；与南非、赞比亚和马拉维等周边国家保持睦邻关系，重视与南非在经贸领域的合作。前总统穆加贝在任期间，曾一度与博茨瓦纳和赞比亚关系紧张。姆南加古瓦政府上台后，进一步加强与周边国家的关系，多次访问南非、安哥拉、赞比亚、博茨瓦纳和莫桑比克等国，尤其是与南非保持了较为紧密的关系。

作为南部非洲具有重要影响力的国家，津巴布韦在中国外交中占有重要地位，这主要表现在中津双边层面和南部非洲地区层面。

在双边层面，开展与津巴布韦的友好关系有助于维护中国的主权利益和经济利益。首先，自两国建交以来，津巴布韦在国际舞台上一直坚定地维护中国的主权利益，在涉台、涉疆、涉藏、南海和香港等问题上，津巴布韦坚决维护中国的立场，坚定支持中国为维护国家主权完整而做出的努力。其次,津巴布韦一直在中国探索具有中国特色的社会主义道路方面予以充分理解和支持。津巴布韦在1980年独立后奉行马克思主义,致力于建设社会主义并推进一党制,后虽在20世纪90年代推进民主化,但执政党"津民盟"(即津巴布韦非洲民族联盟—爱国阵线)的政治路线与执政纲领仍具有较强的马克思主义的特征,就政治意识形态而言,津巴布韦是南部非洲乃至非洲大陆与中国最为相似的国家之一,因此在政治发展领域,两国一直相互予以理解和支持。再次,津巴布韦可为中国的经济发展提供一定的助力。一方面,津巴布韦丰富的矿产资源,尤其是铬铁等战略矿产可加强中国海外资源供应的多样性;另一方面,随着共建"一带一路"深入推进,两国经济合作关系将会持续深入,再加上津巴布韦正处于社会经济转型期,其有望成为中国在南部非洲除南非外最为重要的贸易、工程承包和劳务输出目的地。

在地区层面,发展与津巴布韦的友好关系,有助于中国推进与南部非洲国家关系的深入发展,进一步加强中国在南部非洲的影响力。作为南部非洲的重要国家,一方面,津巴布韦在南部非洲地区事务中具有较大的发言权,中国开展与南部非洲的合作,离不开津巴布韦的支持。另一方面,津巴布韦当前正处于社会经济转型期，如果中国能够帮助津巴布韦渡过经济难关，则不但将为南部非洲地区经济发展乃至地区稳定做出重大贡献，而且其所具有的示范效应，将进一步加强南部非洲各国发展与中国的关系，尤其是与中国共建"一带一路"的积极性和主动性。

本报告拟在全面把握津巴布韦当代政治、经济、社会、外交与中津关系等发展进程的基础上，深入探讨和分析现阶段中津深入推进全面战略合作伙伴关系和共建"一带一路"的机遇、挑战、主要领域和进展，以及相应的对策建议。本报告共六个部分，分别为前言、津巴布韦政治经济和社会法律环境、中津关系的发展与全面战略合作伙伴关系的形成、"一带一路"与中津合作的新机遇、民间交往助推中津友好关系发展以及结语部分提出对策建议。

第一章　津巴布韦政治经济和社会法律环境

津巴布韦在经历2017年11月的政治风波后，当前政治局势稳定，姆南加古瓦政府已将经济发展置于优先地位，并在政治改革和反腐败等领域采取了一系列举措。然而，由于经济自2013年以来逐步下滑，政治稳定并未带来经济快速恢复，津巴布韦经济发展情况仍然欠佳，且仍需要较长时间的恢复期。在社会发展领域，津巴布韦人民受教育程度较高，但医疗卫生条件仍然较为低下。在法律层面，津巴布韦拥有较为完备的法律体系，但其法律环境还有待于进一步改善。

一　津巴布韦政治发展进程

津巴布韦在1980年4月18日独立。独立初期实行议会共和制，由卡南·巴纳纳担任总统，由在1980年2月选举中获胜的津巴布韦非洲民族联盟—爱国阵线（简称"津民盟"）主席罗伯特·穆加贝担任总理。1987年12月31日，穆加贝改任总统，津巴布韦由议会共和制改为总统制。自独立以来，津巴布韦政局基本稳定，津民盟长期执政，穆加贝长期担任总统，直到2017年11月21日因政治剧变而下台。埃莫森·姆南加古瓦在2017年11月24日继任总统，后在2018年8月连任。

津巴布韦独立后的政治发展进程大致可分为三个时期，分别为1980—1992年津民盟谋求建立一党制的时期，1992—2000年津民盟主导的多党民主化时期，以及2000年之后津民盟与争取民主变革运动（简称"民革运"）两党并立的时期。

（一）谋求建立一党制时期（1980—1992年）

早在独立前，以穆加贝为首的津民盟就曾明确表示将以马克思主义、列宁主义和毛泽东思想为基础的科学社会主义作为立党之本，将建立一党制国家作为津巴布韦民盟政治上的奋斗目标，因此独立之初，作为执政党的津民盟就把"一党制"作为建成社会主义的必由之路。

独立初期，津巴布韦主要有两个大的政党，一是津民盟，二是爱国阵线—津巴布韦非洲人民联盟（简称"津人盟"）。在1980年2月的选举中，津民盟获得

62.99%的选票和57个议会席位，津人盟获得24.11%的选票和20个席位，津民盟赢得选举胜利。选举结束后，为维持政局稳定，穆加贝政府实行民族团结政策，将5名津人盟成员纳入内阁，其党主席乔舒亚·恩科莫担任内政部部长。

然而，津民盟与津人盟只度过了很短一段时间的蜜月期。津人盟从1981年开始便明确表示要建立一党制，此后，随着津人盟对政治现状不满，以及南非的颠覆活动等原因，穆加贝政府放弃民族团结政策，将恩科莫等开除出内阁，并在1983年派遣军队进入马塔贝莱兰和中部省实施"古库拉洪迪"行动，以求通过军事压力来迫使津人盟让步。

1984年，津巴布韦民盟第二次全国代表大会通过"将津巴布韦建成一党制国家"的新党章，明确将建立一党制社会主义国家作为宗旨写进了新党章，并以此作为下一届大选的竞选纲领。在1985年的选举中，津民盟虽然获胜，但津人盟也获得了15个席位，且全部来自马塔贝莱兰地区。选举过后，穆加贝政府加快了谋求一党制的步伐，在继续保持对马塔贝莱军事压力的同时，将津人盟拉上谈判桌，力求以谈判的方式将津人盟并入津民盟。

津民盟与津人盟之间的谈判始于1985年10月2日，此后两党在两年多的时间里经过10轮的谈判，最终在1987年12月22日达成了合并协议。合并后的政党名称仍为津巴布韦非洲民族联盟（爱国阵线），由穆加贝担任第一书记和党主席。协议还明确规定，新的政党应致力于在津巴布韦建立一党制政府，并在马克思—列宁主义的指导下建立社会主义社会。两党合并进程在1988年5月下旬正式开始，在当年年底结束。

1987年9月21日，津巴布韦总统卡南·巴纳纳（Canaan Banana）签署第6号《宪法修正案》，取消《兰开斯特大厦宪法》为白人预留的20个席位，随后在10月23日的补选中，20个席位全部为津民盟及其支持的白人独立候选人获得。两党合并之后，津民盟在议会中的席位增加到93个，另有6名白人议员是在其支持下当选。至此，穆加贝建立了事实上的一党制统治。

（二）多党民主化时期（1992—2000年）

20世纪90年代末，多党民主化浪潮席卷非洲大陆，津巴布韦也受到冲击。1991年年初，津民盟宣布不再取缔反对党，1992年，进一步从维持"事实上的一党制"转变为明确宣布实行多党制，并指出公民应有结社和批评政府的自由。这是穆加贝政府自独立以来，在政治方面所作出的最大的调整，即从实行"一党制"转变到明确宣布实行"多党制"。

实行多党制之后，各政党在津巴布韦如雨后春笋般建立，截至1994年年中，共有14个反对党活跃在津巴布韦的政治舞台，除了之前建立的津巴布韦统一运动之外，还包括津巴布韦论坛党、津巴布韦非洲民族联盟（西托莱派）、统一非洲人民全国委员会、民主党、民族民主联盟、民族进步联盟、统一民族联邦党、津巴布韦人民行动团结党、津巴布韦民主党和津巴布韦全国阵线等。

然而，与一些非洲国家的执政党因民主化进程而下台不同，津巴布韦的这些政党并没有对津民盟和穆加贝造成实质性冲击。在1996年的总统选举中，津民盟仍然获得92.76%的选票，而反对党中，只有穆佐雷瓦领导的联合党和西托莱领导的津民盟（西托莱派）分别获得了4.80%和2.44%的选票。但是这次选举的总体投票率非常低，津民盟虽然获得了92.76%的选票，但是在注册选民中的实际得票率，仅为31.8%。投票率如此之低，反映了人们参与政治意愿的下降。

1997年之后，津巴布韦政治局势开始发生重大转变。从1997年5月开始，津巴布韦教会理事会组织一些致力于宪法改革的非政府组织、教会和工会等召开了一系列会议，以此为基础，1998年1月31日，全国制宪大会在津巴布韦大学正式成立。作为当时组织规模最大的反政府力量，虽然全国制宪大会的目标主要放在宪法改革方面，而且其最终并没有演变成一个政党组织，但它为此后反对派政治的发展带来巨大的变化，并为一年之后民革运的建立奠定了思想和组织基础。

1999年9月11日，民革运在津巴布韦工会大会的基础上得以成立。2000年1月26日，民革运召开第一次全国代表大会，制定了党章和政治纲领，并选举摩根·茨万吉拉伊为党主席。民革运成立之后不久，就有人预测它将给津民盟带来强大的挑战。事实表明，民革运很快便崛起为津巴布韦最为重要的反对党，津巴布韦的政治格局也自此得以彻底改写。

（三）两党并立时期（2000年之后）

2000年是津巴布韦独立后具有历史转折意义的一年，而这一年的第一件大事，就是宪法草案的全民公投。这一公投的背景为独立之初实行的《兰开斯特宪法》虽几经修改，但已经越来越引起津巴布韦各方面的不满，津巴布韦需要一部新的宪法。由穆加贝政府主导的宪法委员会在当时起草了一部新的宪法草案，但该宪法草案因规定不对总统权力及总统任期进行限制，且拟谋求无偿且强制征收土地。在此情况下，民革运组织力量反对宪法草案通过，并最终以54.31%的反对票取得成功。此举给穆加贝政府当头一击，并因此引发轰动世界的"快车道"土地改革。此外，此举也开启了津民盟与民革运两党并立的政治时代。

2000年之后,穆加贝先后经历了三次大选,相关情况具体如下。

2002年大选在3月9—11日举行,津民盟赢得了大选,但却遭遇了自独立以来最大的挑战:穆加贝仅获得56.2%的选票,远远低于1996年总统选举时的92.76%;尽管参选条件非常不利,茨万吉拉伊还是获得了42%的选票。这也使得此次总统选举成为津巴布韦迄今为止最终得票最为接近的一次。

2008年总统选举是津巴布韦独立以后最为波折、选举暴力最为严重的一次大选。大选在当年3月29日举行,一个多月之后的5月2日才公布,穆加贝仅获得43.2%的选票,茨万吉拉伊则获得47.9%的选票。然而,由于没有人赢得超过50%的选票,选举委员会决定于6月底举行第二轮选举。此后,穆加贝政府大肆攻击茨万吉拉伊及其支持者,致使其在距第二轮选举不到一周的6月22日,以穆加贝实施政治暴力为由宣布退出选举。尽管如此,第二轮总统选举仍在6月27日如期举行,穆加贝最终以85.5%的得票率当选。

总统选举结束后,以英国和美国为首的西方国家对此做出强烈的反应,且进一步加强了对津巴布韦的制裁。此次总统选举还导致津巴布韦国内政治局势进一步动荡。在此种局势下,经南部非洲发展共同体调解，穆加贝和茨万吉拉伊在9月15日签署《全面政治协议》，同意组建联合政府以分享权力。2009年2月，联合政府宣布成立，穆加贝担任总统，茨万吉拉伊担任总理。

2013年总统选举为穆加贝经历的最后一次选举，在选举之前，津巴布韦国民议会在5月8日通过新的宪法法案，5月22日，新宪法经穆加贝签署后生效。根据新宪法第五章第2节第91款，此后总统任期不得超过两届，但因该条款没有回溯权，穆加贝仍可参加两次总统选举。此次选举在7月31日举行，穆加贝以61%的得票率当选，茨万吉拉伊仅获得不到34%的选票。

2013年选举之后，津民盟和穆加贝重新巩固了自身的权力与统治地位，但随着穆加贝年龄越来越大，接班人问题日益浮出台面，各政治派系的斗争随之日益激烈化。2014年12月，津民盟内部产生巨大动荡，副总统乔伊斯·穆朱鲁及15名政府部长先后被解除职务，此为执政党内部斗争的第一次高潮。

2017年下半年，津民盟因穆加贝"接班人"问题而引发的党内分歧进一步加剧，尤其是以前第一夫人格蕾丝为核心的"G40集团"加快了争夺权力的步伐。穆加贝支持"G40集团"，在11月6日将姆南加古瓦开除出党并解除了他的副总统职务。此后，"G40集团"还拟对以姆南加古瓦为首的"鳄鱼帮"进行清洗。此举引发津民盟党内曾参加过独立战争的老战士的不满，并最终导致军方采取行动介入政治事务。

11月15日，津巴布韦国防军进入津巴布韦首都哈拉雷，后通过国家电视台发表声明，称已接管政府部门，待完成"抓捕总统身边的罪犯"后，局势就会恢复正常。随后，军方与穆加贝展开谈判，希望他能主动辞职以实现津民盟和津巴布韦政府权力的平稳过渡。11月19日，津民盟特别中央委员会通过决议，解除穆加贝党主席、第一书记的党内职务，同时恢复姆南加古瓦党籍并推选他为党主席兼第一书记。11月21日，在军方的压力、民众的不满与议会的弹劾等多重压力之下，穆加贝辞去总统职务。11月24日，姆南加古瓦宣誓就任总统，津巴布韦自此进入"后穆加贝时代"。

2018年7月30日，津巴布韦举行"后穆加贝时代"的第一次大选，姆南加古瓦以50.8%的得票率当选。反对党争取民主变革运动—联盟候选人纳尔逊·查米萨得票率44.3%，津巴布韦两党并立的局面仍继续保持。姆南加古瓦担任总统后，不断转变执政理念，将经济发展置于优先地位，缓和民族关系，加强执政党团结与能力建设，基本实现了政局稳定，为社会经济发展奠定了良好的基础。[①]

---

① 沈晓雷：《津巴布韦"后穆加贝时代"以来的政治变迁》，《当代世界》2019年第3期。

二 津巴布韦经济发展状况

津巴布韦经历在1980年独立之后相当长一段时期的"黄金期",但自20世纪90年代之后,受政治环境、土地改革、西方制裁等因素的影响,其经济发展几经起落且不断下滑。从当前来,津巴布韦正处于经济发展的恢复期,但预计短期内无法实现快速发展。下面对津巴布韦的宏观经济情况和主要产业部门进行简单介绍,为本报告的展开提供经济方面的背景资料。

(一) 宏观经济情况

1. 经济增速

津巴布韦在1980年独立后曾被誉为"南部非洲的一颗明珠",当时其工业体系在撒哈拉以南非洲仅次于南非,其玉米等粮食作物出口整个南部非洲,因而也被称为"南部非洲的粮仓"。

津巴布韦的经济发展在20世纪90年代开始遇到困难,最大的原因为自1990年开始的经济结构调整计划。经济结构调整之初,由于国际货币基金组织和世界银行的援助与投资承诺,人们曾对津巴布韦的经济非常乐观,有人甚至估计其将在未来10年中保持

7%—8%的增长率,但其实施的第一年,即1991年,经济增长仅为3.6%,通货膨胀却达到25%。1992年,津巴布韦的经济增长骤降到-5.8%。在整个"经济改革框架"实施的1991—1995年,津巴布韦的年均经济增长率仅为0.9%,即便90年代后半期情况有所好转,经济增长率也仅为2.7%,仍大幅低于20世纪80年代的经济增长水平。

进入21世纪之后,由于政局动荡、土地改革导致农业生产大幅度下滑、恶性通货膨胀,以及与西方关系恶化导致外来投资减少等因素的限制,津巴布韦经济大幅度下滑,从2000年到2009年一直为负增长,其中2003年和2008年分别下滑10.4%和14.2%。2009年,津巴布韦经济终于开始出现正增长,当年实现6.9%的增幅。津巴布韦经济之所以能够在2009年恢复增长,主要得益于以下几个因素:农业生产自2009年起开始逐步恢复;津巴布韦政府在2009年废除津巴布韦元,实行以美元和南非兰特为主的货币体系,恶性通货膨胀问题成为历史;津民盟与民革运成立民族团结政府,国内政局总体稳定等。

2010年之后,津巴布韦经济再未出现负增长,其中2010年、2011年和2012年分别达到了19.7%、14.2%和16.7%的增幅,在撒哈拉以南非洲位居前列。然而从2013年开始,由于厄尔尼诺现象导致农作物大幅度减产,外国投资持续不足,以及本土化政策的负面影响等因素的限制,津巴布韦经济发展速度再次大幅度下滑,从2012年的16.7%一直下降到2016年的0.8%。2017年,得益于农业大丰收,津巴布韦经济又有所好转,增幅达4.7%(见表1-1)。

姆南加古瓦政府在2017年11月上台后,奉行经济优先的政策,并为此而采取了一系列措施,其中包括废除本土化政策以吸引外来投资,压缩政府开支以积累生产性资金,通过追缴外流资金等以解决美元现金短缺问题,将津巴布韦航空公司等国有企业进行私有化以实现扭亏为盈,谋求改善与西方国家的关系以获取其援助与投资等。在这些措施的推动下,津巴布韦的经济增长率在2018年约为3.5%。[①]

表1-1 津巴布韦2010—2018年国内生产总值(GDP)增长情况(%)

年份	2010	2011	2012	2013	2014	2015	2016	2017	2018
增幅	19.7	14.2	16.7	2.0	2.4	1.8	0.8	4.7	3.5

资料来源:African Development Bank, *African Statistical Yearbook 2019*, p.86。

---

① 津巴布韦政府估计其在2018年的经济增幅为4.0%。见 Minister of Finance and Economic Development, *The 2019 National Budget State*, http://www.zimtreasury.gov.zw/index.php/resources/2019-budget#。

表1-2　津巴布韦2014—2018年国内生产总值（亿美元）和
人均国内生产总值（美元）

年份	2014	2015	2016	2017	2018
GDP	195	200	205	220	229
人均GDP（按购买力平价）	2648	2680	2687	2826	2780

资料来源：EIU, *Country Report: Zimbabwe*, 3st Quarter 2019, p.9。

根据非洲开发银行公布的2019年度《非洲经济展望》，津巴布韦2019年的经济增长率预计将达到4.2%，这要高于津巴布韦政府自身预计的3.1%。英国经济学人信息部（EIU）在2019年第一季度发布的报告中预计津巴布韦2019年经济增长率为1%，在第三季度发布的报告中则下调为-6.7%。[①] 英国经济学人信息部之所以如此大幅度下调津巴布韦的经济增长率，原因主要包括2019年3月伊代飓风所带来的严重损失，大旱导致农业大幅度减产，卡里巴湖水位严重下降导致电力严重不足，以及现金流动性短缺等。

笔者在2019年6月27日至7月26日前往津巴布

---

① African Development Bank, *African Economic Outlook 2019*, p.185; EIU, *Country Report: Zimbabwe*, 1st Quarter 2019, p.9; EIU, *Country Report: Zimbabwe*, 3st Quarter 2019, p.9.

韦进行了为期一个月的调研，在津期间，哈拉雷、布拉瓦约等大城市电力、供水、燃油均严重不足，且自2019年年初以来，货币问题愈发严重，具体表现为津巴布韦元大幅度贬值和汇率大幅度震荡，这不仅严重影响当地正常的生产与经营活动，而且会严重制约津巴布韦吸引外资的能力。有鉴于此，笔者预测津巴布韦2019年的经济增幅将会大大低于2018年，甚至不排除出现负增长的局面。

2. 经常项目

由于进口支出一直高于出口收入，津巴布韦的经常项目长期为赤字。从2014年到2018年的情况来看，2014年赤字最高，为20.26亿美元，可占到当年国内生产总值的约12.7%，此后经常项目赤字有所下降，到2016年降为5.91亿美元，但此后又有所上升，尤其是2018年上升幅度较大，从6.13亿美元升为13.42亿美元。2018年经常项目赤字增加主要是两个因素导致的结果，一是日常消费品进口增多，二是随着津巴布韦经济开始有所恢复，生产性产品进口量出现上涨。据津巴布韦国家统计局2019年7月公布的数据，2019年2—5月，津巴布韦进口额为15.9亿美元，出口额为12.7亿美元，贸易逆差为3.2亿美元；而2018年同期进口额为23.4亿美元，出口额为12.3亿美元，贸易逆差为11.1亿美元。如全年能够保持这一态势，则 2019 年的经常项目赤字有望大幅度下降。然而需要指出的是，津巴布韦国家统计局首席执行官阿兰·马朱鲁（Allan Majuru）表示，津巴布韦 2019 年上半年进口下降的原因为没有足够的外汇来购买生产性原材料。① 如此，贸易逆差缩小虽有助于降低经常项目赤字，但却无助于经济增长。

3. 财政收支

与经常项目一样，津巴布韦财政收支在近年来也一直为赤字。根据非洲开发银行 2019 年度《非洲经济展望》，津巴布韦 2017 年的财政赤字占国内生产总值的比例为 12.5%，2018 年略有好转，占比约为 10.7%。2018 年财政赤字有所下降，主要得益于姆南加古瓦政府所采取的财政紧缩政策，其中包括裁减政府冗员和压缩财政支出，如将政府部委从原来的 27 个缩减为 20 个，停止关键岗位之外的公务员招聘，限制政府官员公务用车，以及减少驻外使馆规模和雇用当地员工人数等。② 但尽管如此，由于与大选有关的开支大幅度增加、公务员工资上调和向农业部门拨付了大量资金等原因，津巴布韦在 2018 年的财政赤字仍然高

---

① Mthandazo Nyoni, "Zim trade deficit narrow by 71%", *News Day* (Harare), July 11, 2019.
② 沈晓雷:《津巴布韦政局变化与执政党津民盟的政策走向》,《当代世界》2018 年第 1 期。

达20亿津元。①

根据津巴布韦财政部公布的2019年中期财政预算评估报告，2019年1—6月，津巴布韦预算开支为37亿津元，实际开支为42亿津元，预算超支15%，达5.32亿津元。与此同时，在上半年的6个月中，平均每月收入比预计增加1.399亿津元，总收入达到49.9亿津元，超出预期20.2%。在此情况之下，津巴布韦在2019年上半年实现财政盈余8.036亿津元，这是津巴布韦自2009年实行多元货币体系以来第一次出现财政盈余。②

4. 通货膨胀

由于经济不景气和人们消费水平普遍比较低下，津巴布韦的通货膨胀率一度较低，在2014—2016年甚至处于通货紧缩的状态。2017年通货膨胀率达到0.9%，2018年开始面临通胀压力，上半年通货膨胀率

---

① Minister of Finance and Economic Development, Zimbabwe, *The 2019 Mid-Year Budget Review & Supplementary Budget*："Building a Strong Foundation for Future Prosperity", Presented to the Parliament of Zimbabwe by Hon. Prof. Mthuli Ncube, August 1, 2019, p. 14. 津巴布韦财政部在2018年11月22日公布的2019年财政预算报告中，所用货币单位为美元，在2019年8月1日公布的中期财政预算评估报告中，货币单位则改为津元。然而从两份文件所涉及的相关项目的额度来看，津巴布韦财政部仍将美元与津元等值，而非采用当前美元与津元约1∶10的汇率值。津巴布韦2019年货币政策的改变可见下文的分析。

② Minister of Finance and Economic Development, Zimbabwe, *The 2019 Mid-Year Budget Review & Supplementary Budget*："Building a Strong Foundation for Future Prosperity", Presented to the Parliament of Zimbabwe by Hon. Prof. Mthuli Ncube, August 1, 2019, pp. 10–12.

为2.9%，下半年随着食品价格大幅上涨，通胀压力骤然上升，10月的通货膨胀率甚至高达20.8%，全年通货膨胀率达到6%。2019年，津巴布韦通货膨胀率开始高企，根据津巴布韦国家统计局公布的数据，6月通货膨胀率达到39.26%，7月回落18.22%，但仍高达21.04%。[①] 通货膨胀居高不下导致物价大幅上涨，给当前津巴布韦人民的生活带来了严重的负面影响。

5. **货币问题**

津巴布韦在2004—2009年经历了创造人类历史的恶性通货膨胀。2009年，津巴布韦实行以美元为主的多元货币体系，此举在消除通货膨胀和推动津巴布韦经济恢复性增长的同时，也使津巴布韦社会经济全面美元化，并为之后美元现金短缺及由此而带来的货币问题埋下祸根。自2014年起，津巴布韦美元现金日益不足，穆加贝政府被迫发行债券货币，后逐步形成美元、债券货币和电子转账三种方式并存的交易体系。为稳定汇率和遏制通货膨胀，姆南加古瓦政府上台后坚持美元、债券货币和电子转账等价的政策，但在市场上一直是美元价值高于债券，债券价值高于电子转账，由此导致许多商家或只接收美元，或采取三级定价，从而严重扰乱了

[①] "Zimbabwe's Monthly Inflation Drops To 21.4%", August 26, 2019, https://www.zimeye.net/2019/08/26/zimbabwes-monthly-inflation-drops-to-21-4/.

正常的经济秩序。为解决这一问题，2019年2月20日，津巴布韦储备银行宣布将债券货币和实时结算余额合并为新的货币RTGS（意为"实时结算"）元，并启动与美元的浮动汇率；2月22日，RTGS元与美元间的初始汇率被定为2.5∶1。此后，RTGS元迅速贬值，到6月时黑市汇率曾一度高达15∶1。6月24日，津巴布韦政府宣布即日起美元、南非兰特和英镑等不再是法定货币，津巴布韦元将成为在津进行交易的唯一法定货币。此规定公布后，津巴布韦元与美元之间的汇率一度下滑到7∶1，但到8月底，又反弹到10∶1左右。

（二）主要产业部门

津巴布韦的支柱产业为农业、采矿业和旅游业，独立之初较为发达的制造业已经严重衰落。

1. 农业

津巴布韦共有3960万公顷耕地，其中39.9%，即1580万公顷的土地为可耕地。根据降雨量和农业生产潜力，津巴布韦的土地共被分为五个农业生态区，如表1-3所示。根据农场的大小和类型，津巴布韦的土地可被分为A1农场、A2农场、重新安置农场、村舍地区农场、大型商业农场和小型商业农场。从土壤类型来看，大部分土地为粗质土壤或沙质土壤，底层土壤介于粗砂和砂质黏土之间，土质比较疏松，水容易渗透、不易储水和管理。从耕种情况来看,正在耕种的土地面积约为431万公顷,仍有大量可耕地没有耕种。从农作物种类来看,主要农作物为玉米、高粱、小麦、大麦、水稻、芝麻、烟草、棉花、花生、向日葵、大豆、茶叶、甘蔗、土豆和木薯等,其中最为重要的农作物为玉米和烟草。

表1-3　　　　　　　　津巴布韦农业生态区

类型	分布	年降雨量	占比	特征	农业活动
Ⅰ	马尼卡兰省	1050毫米以上	2%	降雨量高,专业化和多元化经营	森林、茶叶、咖啡、水果、集约畜牧养殖
Ⅱa	中马绍纳兰省、东马绍纳兰省、西马绍纳兰省、马尼卡兰省和哈拉雷市	750—1000毫米,雨季至少有90次降雨	15%	降雨量高	玉米、烤烟、棉花、雪豆、园艺、集约畜牧业、咖啡、灌溉小麦和大麦、高粱、花生
Ⅱb		750—1000毫米,雨季有80—90次降雨			
Ⅲ	马尼卡兰省、中部省	450—650毫米,雨季有70—80次降雨	19%	阶段性干旱,雨季开始日期不定且时有干旱发生	半集约农业、集约牛场、勉强维生的玉米、小米、高粱
Ⅳ	马斯温戈省、南马塔贝莱兰省、北马塔贝莱兰省、马尼卡兰省、中部省、布拉瓦约市	450—650毫米	37%	非常干旱,需要灌溉才能获得好的产量,雨季期间有较长时间的干旱期	勉强维生的小米、高粱、粗放型牛场、休闲牧场
Ⅴ	马斯温戈省、南马塔贝莱兰省、马尼卡兰省、布拉瓦约市	低于450毫米	27%	非常干旱,需要灌溉才能获得好的产量,雨季期间有较长时间的干旱期	勉强维生的小米、高粱、粗放型牛场、休闲牧场

资料来源:Government of Zimbabwe, *Zimbabwe Agricultural Investment Plan*(ZAIP) 2013 - 2017: *A Comprehensive Framework for the Development of Zimbabwe's Agriculture Sector*, Ministry of Agriculture, Mechanization and Irrigation, p. 15。

根据津巴布韦国家统计局的数据，津巴布韦2016年农牧林渔业的总产值为16.18亿美元。作为津巴布韦最重要的经济作物，烟草的种植与销售在近年来情况较好，尤其是2018年销售季非常成功，根据烟草产业和销售委员会的数据，2018年津巴布韦烟草销售量达到创纪录的2.5亿公斤，价值7.29亿美元，其中订单种植大厅共出售烟草2.14亿公斤，价值6.31亿美元；拍卖大厅共出售3600万公斤，价值9800万美元。

津巴布韦农业生产目前还存在较大问题，主要表现在以下方面：大量土地闲置，土地所有者没有能力复垦和耕种；农业生产资料，尤其是农业机械、种子、化肥和农药等均短缺；政府因经济困难和财政收入不足而难以对农业进行大规模投资；靠天吃饭问题严重，经常因降水不均而引发旱涝灾害，且大量水利设施由于缺乏维护而造成灌溉不足；土地所有权问题尚待解决，一方面农户没有土地所有权，只有经营权，另一方面不允许土地买卖和租赁，阻遏了土地的经营性自由流通；农业推广及农产品市场体系仍不完善。因大旱和伊代飓风的影响，2019年粮食产量大幅度减产，数百万人正面临粮食短缺的困境。

2. 采矿业

津巴布韦矿产资源丰富，尤其是著名的大岩墙地区蕴藏着丰富的矿产。钻石、铂族金属、铬、黄金、镍、铜、铁矿和煤炭8个矿种为津巴布韦优势矿产资源,其中钻石在2018年预计产量为350万克拉,2019年预计产量为420万克拉;铬铁矿2018年预计产量为1700吨,2019年预计产量为2000吨;黄金2018年预计产量为33吨,截至9月产量为26.79吨;镍矿2018年预计产量为1.73万吨,到9月实际产量为13.4万吨。

津巴布韦矿业规划总目标及发展方针为:充分利用矿产资源,实现社会和经济发展;加强吸引国际资金投资矿产开发及深加工;限制原矿出口等。采矿业对津巴布韦国内生产总值的贡献率在10%左右,对津巴布韦出口的贡献率在60%左右。2019年上半年,津巴布韦矿业出口额为13亿美元,约占同期出口总额的68%。①

需要指出的是,在穆加贝政府执政后期,由于本土化政策限制,外资难以进入矿业领域,津巴布韦矿业发展受到较大影响。姆南加古瓦政府上台后废除本土化政策,矿业领域不再受本土化政策的限制,此举无疑有助于推动外资进入津巴布韦矿业领域,从而在未来一段时期内推动其快速发展。

3. 旅游业

津巴布韦旅游资源丰富,著名旅游胜地包括维多利亚大瀑布、万吉国家公园、卡里巴湖、大津巴布韦

---

① "Govt to Repeal Indigenization Law", *The Herald* (Harare), August 2, 2019.

遗址、东部高地，以及首都哈拉雷等。2004年，津巴布韦成为中国旅游目的地国。2016年，津巴布韦被美国著名的奢侈品和高端生活旅行杂志Conde Nast Traveler评为2017年非洲最佳旅游胜地。在孤独星球评选的最值得去的国家排行中，津巴布韦排名第三，仅次于斯里兰卡和德国。

根据津巴布韦旅游局的统计数据，2017年国际游客数量为242万人，旅游收入为9.17亿美元，对国内生产总值的贡献率为7.1%，对就业的贡献率为4.4%。[①] 2018年国际到达游客增长6%，总数达到258万人。在这些游客中，非洲游客占80%，另外20%主要来自欧洲、北美洲和亚洲，尤其是亚洲游客增长迅速，从2017年的9.14万人增长到2018年的11.27万人，增幅高达23%。[②] 2019年第一季度，津巴布韦游客数量达到55.8万人，与2008年第一季度的55.44万人相比继续增长0.6%。[③]

根据津巴布韦旅游局制定的《国家旅游业增长和市场战略（愿景2020）》，津巴布韦计划到2020年接待旅客500万人，行业产值达到50亿美元，占GDP的

[①] Zimbabwe Tourism Authority, *Overview of Tourism Performance in Zimbabwe*, 2017, p. 7.

[②] Zimbabwe Tourism Authority, *2018 Tourist Arrival Overview*, p. 1.

[③] Zimbabwe Tourism Authority, *2019 First Quarter Tourism Performance Highlights*, p. 1.

比重达到15%。从当前来看，这个目标虽难以达到，但随着津巴布韦政局的稳定，维多利亚瀑布城国际机场改扩建后投入运营，以及开始有投资者进入津巴布韦旅游业，尤其是维多利亚瀑布城的旅游业，津巴布韦的游客人数和旅游收入有望在未来几年大幅增加。

三　津巴布韦社会发展状况

一方面，津巴布韦人力资源丰富，受教育程度较高，主体民族绍纳族性格温顺，无宗教极端势力影响社会稳定。但另一方面，津巴布韦在医疗卫生方面还比较落后，这对津巴布韦社会经济发展形成了一定的制约。

（一）人口

根据津巴布韦2017年人口普查的结果，津巴布韦全国共有1357万人，其中男性占48%，女性占52%。人口年均增长率为2%，每户家庭平均为4.2人。城市人口占总人口的32%，农村人口占总人口的68%。人口的年龄结构比较合理，劳动力充足，其中15岁以下占40%，15—64岁占54%，65岁以上占6%。预期寿命为59.7岁，其中女性61.1岁，男性57.8岁。[1]

---

[1] Zimbabwe National Statistics Agency, *Inter-Censal Demographic Survey*, 2017, p. xi, p. 123.

就各省而言，马尼卡兰省 186.18 万人，东马绍纳兰省 136.65 万人，西马绍纳兰省 156.75 万人，中马绍纳兰省 144.19 万人，北马塔贝莱兰省 74.48 万人，南马塔贝莱兰省 81 万人，中部省 151.43 万人，马旬戈省 155.31 万人，哈拉雷 197.39 万人，布拉瓦约 73.86 万人。

根据世界人口时钟（Countrymeters）的统计，截至 2019 年 9 月，津巴布韦共有人口 1707.8 万人，其中男性 842.4 万人（占比 49.3%），女性 865.4 万人（占比 50.7%）。人口密度为每平方千米 43.7 人，人口结构为 15 岁以下 41.9%，15—64 岁 54.3%，65 岁以上占 3.8%。预期寿命为 49.6 岁。[①]

（二）民族

津巴布韦的居民可被划归四大族裔：非洲人、欧洲人（或白人）、有色人（混血人）和亚裔。非洲人占总人口的 99.7%，其中津巴布韦人占 99.3%，马拉维人和莫桑比克人各占 0.2% 和 0.3%，其他非洲国家及欧洲裔和亚裔共占 0.2%。[②]

绍纳族和恩德贝莱族是两个最大的非洲裔族群，

---

① "Zimbabwe Population", https://countrymeters.info/en/Zimbabwe.

② Zimbabwe National Statistics Agency, *Inter-Censal Demographic Survey*, 2017, pp. 13 – 14.

分别约占全国人口的 84.5% 和 14.9%。绍纳人又可分为六大分支，分别为南部地区的卡伦加人、中部地区的泽祖鲁人、东部地区的马尼卡人、东南部地区的恩达乌人、北部地区的克雷克雷人和遍布整个绍纳人聚居区的罗兹韦人。恩德贝莱族是津巴布韦第二大民族，主要聚居在西南部以布拉瓦约为核心的地区。津巴布韦的其他非洲裔族群还包括西北部的通加人，南部的文达人和索托人，东南部的赫伦韦格人，西部少量的科伊桑人，以及殖民时期从莫桑比克和马拉维等邻国作为劳工移民而来的少数民族及其后裔。

欧洲人是指具有欧洲血统的人，包括英国人、荷兰人、德国人、希腊人，以及从南非迁入的布尔人，在独立前总人数曾一度有 30 多万人。有色人为当地黑人与白人的混血后裔。亚裔主要包括印巴人和华侨华人，其中华侨华人约 1 万人。

（三）宗教

津巴布韦人所信奉的宗教主要包括基督教、传统宗教和伊斯兰教。从信奉的比例来看，根据津巴布韦国家统计局 2017 年的调查结果，全国居民共有 84% 信奉基督教，1% 信奉伊斯兰教，其他 15% 的人信奉传统宗教或无宗教信仰。在 15 岁以上信奉基督教的人当中，有 34% 信奉罗马天主教，20% 信奉五旬节流派，

16%信奉新教。此外还需要指出的是，男性信奉传统宗教、伊斯兰教或无宗教信仰的人，明显要多于女性，如男性占信奉传统宗教的71%，女性则只占28%。①

（四）教育

津巴布韦的教育水平在整个非洲大陆处于领先地位。津巴布韦已建立较为完善的教育体系，其中可分为正规教育和非正规教育两大类型。从学制上看，分为早期幼儿发展教育（2年）、小学教育（7年）、中学教育（6年）和高等教育。津巴布韦的职业教育也在非洲位居前列。据统计，津巴布韦在2017年共有小学6123所、中学2830所，2017年小学和中学的在读人数共约363.83万人。津巴布韦共有15所大学，2017年在校生人数约为9.1万人；共有14所师范类院校，2016年在校生约2.7万人；职业培训院校2016年在校生约1.96万人。此外，津巴布韦2017年小学教师共约7.12万人，中学教师共约4.57万人。②

津巴布韦成年人的识字率在非洲大陆位居前列。根据津巴布韦国家统计局的数据，15岁及以上人口的识字率为94%，其中男性识字率为96%，女性为

---

① Zimbabwe National Statistics Agency, *Inter-Censal Demographic Survey*, 2017, p. 6.
② Zimbabwe National Statistics Agency, *Facts and Figures 2017*, pp. 17–20.

93%；就地区而言，中马绍纳兰省最低，为91%，哈拉雷和布拉瓦约则高达97%。较高的教育水平和识字率在一定程度上保证了津巴布韦具有大量高素质的劳动力，这对于津巴布韦社会经济发展是一个重要的推动因素。[①] 然而需要指出的是，由于近些年来津巴布韦经济发展欠佳，农村地区有不少儿童因交不起学费而辍学，这虽对其整体识字率没有太大影响，但长此以往，会对其教育水平和劳动力素质产生较大负面影响。

（五）医疗卫生

津巴布韦地处南部非洲高原，不属于疟疾和黄热病疫区，但因医疗卫生相对比较落后，会偶发霍乱和流感等疾病。

根据津巴布韦国家统计局2017年公布的数据，相关医疗卫生条件具体如下。[②]

截至2014年，津巴布韦共有1611家医疗机构；截至2015年，共有1859家各类卫生机构；截至2017年，共有约3万名医护人员。婴儿死亡率为平均每千人死亡52人，其中农村地区为56人，城市为43人；

[①] Zimbabwe National Statistics Agency, *Inter-Censal Demographic Survey*, 2017, p. 75.

[②] 具体可见：Zimbabwe National Statistics Agency, *Facts and Figures 2017*, p. 24; Zimbabwe National Statistics Agency, *Inter-Censal Demographic Survey*, 2017, pp. 118–163。

五岁以下儿童死亡率为每千人死亡72人。就儿童营养水平而言，11.2%的儿童体重不达标，27.6%的儿童发育不良，3.6%的儿童超重。有54.5%的家庭可食用碘盐。

在电力方面，有52%的家庭的住房没有通电，各省也存在差异，其中中马绍纳兰省通电的家庭为25%，布拉瓦约则高达96%。在供水方面，有17%的家庭在室内有自来水，另有15%的家庭在室外有自来水；有44%的家庭可从水井中取水，但还有24%的家庭只能从没有保护措施的水井、河流和大坝中取水。总体而言，76%的家庭可获得经过改善的饮用水。

津巴布韦的艾滋病感染率已经从1997年的29%下降到目前的10%左右，这主要归功于津巴布韦所建立的较为完善的防治艾滋病的医疗体系。根据2014年的相关调查，在15—24岁这一年龄段中，有56.4%的女性和51.7%的男性知道如何预防艾滋病；在15—49岁这一年龄段中，有63.4%的女性和51.6%的男性知道关于艾滋病通过母婴传播的知识，有51%的女性和40.3%的男性曾在过去12个月中接受了艾滋病预防检查。

四　津巴布韦法律环境

津巴布韦的法律深受前殖民宗主国英国和邻国南

非的影响，同时由于曾有大量德国裔和荷兰裔白人移民迁入，因此其法律体系具有明显多元化的特征，既传承了英国普通法、德国和荷兰的大陆法和本地习惯法，又新增了1980年独立后颁布的成文法。

议会是津巴布韦的最高立法机构，由参议院和众议院组成，每届任期五年。国家法律须经议会两院通过，由总统审批并签署。司法体系由法院系统、检查系统和法律职业者构成，其中法院分为四级，为最高法院、高等法院、地方法院和初级法院。

津巴布韦的法律体系较为完善，各类法律法规较为系统和全面。以农业为例，津巴布韦政府先后制定和实施了包括《农业与农村发展授权法》《农业财税法》《农业市场授权法》《农业产品市场法》《棉花市场与管控法》《奶业法》和《水果市场法》等21项法规，为农林牧副渔各产业的发展提供了全面的法律保障。

为更好地发展中国与津巴布韦之间的友好合作关系，尤其是经济领域的友好合作关系，本报告在此简要列出津巴布韦有关外国投资合作的相关法律法规。[1]

津巴布韦与贸易相关的法律法规主要包括《贸易法》《竞争和公平贸易法》《海关和关税法》和《贸易

---

[1] 本部分内容主要引自商务部国际贸易经济合作研究院等主编《对外投资合作国别（地区）指南：津巴布韦》（2018年版），第62—99页。

仲裁法》等；与投资相关的法律法规主要包括《投资法》《公司法》《土地法》《竞争法》《经济特区法》《外汇管理法》《出口加工区法》等；与税收相关的法律法规包括《财政法》和《所得税法》等，其中税收种类包括企业所得税、增值税、个人所得税、预扣税、消费税、资本收益税和艾滋病税等；与劳动就业相关的法律法规有《劳工法》《劳资关系条例》和《移民法》等；与环境保护相关的法律包括《环境管理法》《区域、地方及农村规划法》《自然资源法》和《森林法》等；与反商业贿赂有关的法律法规包括《防止腐败法》《公职人员法》《监察员法修正案》《反腐败委员会法》《银行使用促进和抑制洗钱法》《刑事诉讼和证据法修正案》等；与知识产权保护相关的法律法规包括《知识产权审定委员会法》《工业产权法》《专利法》《商标法》和《版权及相关权益法》等。

然而需要指出的是，尽管当前津巴布韦的法律体系较为完善，法律环境较为健全，但其仍然存在以下三个方面的问题：第一，相关法律在执行层面存在问题，有法不依的现象较为严重，尤其是腐败问题严重侵蚀了津巴布韦的法律环境，致使许多法律法规如一纸空文；第二，津巴布韦有不少法律以英国普通法和德国与荷兰的大陆法为蓝本，并不适应津巴布韦当前较为落后的社会经济发展水平；第三，姆南加古瓦政府在 2017 年上台后推行经济优先政策，拟采取经济开放和建立经济特区等措施，但从当前来看，相关领域的立法或立法修正严重滞后，无法以宽松、有序、公正和友好的法律环境来吸引更多的外来投资。总而言之，津巴布韦的法律环境还有待进一步改善。

第二章　中津关系的发展与全面战略合作伙伴关系的形成

津巴布韦奉行积极的不结盟政策，已同110多个国家建立了外交关系。推行睦邻友好方针，以发展同非洲国家特别是南部非洲国家关系为外交重点，同时着力加强与其他发展中国家尤其是亚洲国家的关系。因在"民主、人权"等问题上与西方国家存在严重分歧，与西方国家关系紧张，受到英国、美国及欧盟等制裁，但姆南加古瓦政府上台后关系有所缓和。积极参与地区和国际事务，是不结盟运动、77国集团、非洲联盟、南部非洲发展共同体成员国。

中国与津巴布韦之间的关系源远流长。自津巴布韦1980年独立以来，中国与津巴布韦的关系一直保持稳定发展，尤其是在2002年津巴布韦遭受美国和欧盟等制裁后，在其"向东看"政策的推动下，两国关系进入快速发展时期，并最终在2018年建立全面战略合作伙伴关系。全面战略合作伙伴关系的建立，不仅凸显了中津关系的重要性，有助于将两国关系推向新的发展阶段，更有助于以此推动中国与南部非洲，乃至整个非洲大陆关系的发展。

一 津巴布韦对外关系的特点与变迁

津巴布韦独立后不久，时任政府总理穆加贝于1980年8月26日在联合国大会发表讲话，明确阐述津巴布韦对外关系的基本原则，其中包括独立自主的外交政策，维护国家主权和政治经济独立，在此基础上与不同社会制度的国家建立外交关系；欢迎来自社会主义国家的援助，建设"社会主义的、平等的和民主的津巴布韦"；致力于反对国内外种族主义、与其他非洲国家一道努力摆脱对南非的依赖；主张不同社会制度国家间的和平共处，大小国家一律平等。[①]

近40年的外交实践表明，津巴布韦在开展对外关系中基本遵守了上述原则。综合考察津巴布韦近40年的外交历程，可以发现其对外关系至少具有以下几个方面的特征：第一，开展对外关系不以意识形态和社会制度划线，尽管津巴布韦宣称自己为社会主义国家，

[①] 陈玉来编著：《津巴布韦》，社会科学文献出版社2010年版，第307—308页。

但其在独立后与西方资本主义国家保持了较为紧密的外交关系；第二，虽然宣称坚持以发展中国家尤其是南部非洲国家为外交重点，但与西方国家的关系一直是左右津巴布韦对外关系的重要因素；第三，国内政治经济发展对其外交关系具有较大影响，尤其是2000年之后的"快车道"土地改革和2002年总统选举，导致美国、英国和欧盟对津巴布韦进行制裁，津巴布韦对外关系由此发生根本性转折。

纵观津巴布韦独立以来对外关系的变迁，笔者认为可将其分为三个时期：第一个时期从独立到1999年，与美国、英国等西方国家关系密切，甚至一度为西方国家的"宠儿"；第二个时期从2000年到2017年，长期遭受西方国家制裁，积极推行"向东看"政策；第三个时期为姆南加古瓦政府在2017年11月上台之后，推行"重新融入国际社会"（Re-engagement）的政策，在继续保持与周边国家友好关系和坚持"向东看"政策的同时，着力谋求改善与西方国家的关系。

（一）与西方国家关系紧密时期（1980—1999年）

英国在1979年9—12月主持召开的"兰开斯特大厦会议"奠定了津巴布韦独立的基础。1980年独立后，与英国的关系成为津巴布韦最重要的双边关系。20世纪80年代，穆加贝因实行种族和解政策，保护白人群体的政治经济利益和严格按照《兰开斯特大厦协议》规定的"愿买愿卖"的原则开展土地重新安置进程,与英国保持了一段时期的蜜月期,并在20世纪90年代初达到高潮。1991年10月,英联邦在哈拉雷举办了第十二届英联邦峰会,穆加贝作为主席主持了此次会议。此次峰会通过的《英联邦哈拉雷宣言》所确立的民主、良制、法制和反种族歧视等原则,成为此后英联邦处理成员国关系的重要原则。穆加贝在峰会上对英国女王伊丽莎白二世进行了热烈的欢迎,并在闭幕词中高呼:"让英联邦万事长存!"穆加贝因此次峰会可谓一时风光无限,伊丽莎白二世甚至在1994年授予了他荣誉爵位。

津巴布韦在独立之初与美国也保持了较好的关系。独立后的前两年,津巴布韦一直是美国向撒哈拉以南非洲提供经济援助最多的国家。此后,因穆加贝先后多次在公开场合对美国的某些政策和主张提出批评,如在1983年的联合国大会上对批评美国入侵格林纳达,拒绝支持美国提出的联大谴责苏联击落韩国飞机事件的建议等,导致美国在20世纪80年代中期大幅度削减对津巴布韦的经济援助。20世纪90年代初,津巴布韦在世界银行和国际货币基金组织的要求下实行经济结构调整并宣布放弃"一党制",美国政府重新开始增加对津巴布韦的援助,同时鼓励对津巴布韦开展贸易和投资。1992—1995年，美国每年向津巴布韦提供援助约2000万美元，每年从津巴布韦采购烟草1.2万吨，截至1997年年底，美国在津巴布韦投资的企业有47家，投资额约1.6亿美元。①

津巴布韦与西方国家，尤其是与英国的关系在20世纪90年代末开始出现问题，而其中最重要的原因，为双方在土地改革问题上的矛盾与分歧。根据《兰开斯特大厦协议》，津巴布韦承诺独立后在"愿买愿卖"的基础上进行土地改革，英国则承诺为津巴布韦的土地改革提供资金支持。津巴布韦与英国在20世纪80年代均遵守了上述承诺，但进入90年代后，双方开始在土地改革问题产生分歧：一方面，津巴布韦想加快土地改革的步伐，因此希望在尽可能短的时间内获得尽可能多的土地用以土地改革，甚至不排除免费征收白人的土地；另一方面，英国自1989年起不再向津巴布韦提供用于土地改革的资金，1996年梅杰政府虽计划重新提供支持，但1997年布莱尔政府上台后取消了这一计划。津巴布韦与英国的关系自此开始不断交恶，直到津巴布韦在2003年12月退出英联邦。英国女王伊丽莎白二世则在2008年6月下令剥夺了1994年赐予穆加贝的荣誉爵位。

---

① 陈玉来编著：《津巴布韦》，社会科学文献出版社2010年版，第323—324页。

（二）遭受西方国家制裁和实施"向东看"政策时期（2000—2017年）

津巴布韦因"快车道"土地改革和2002年总统选举中的暴力事件而开始遭受以欧盟和美国为首的西方国家的制裁，津巴布韦的外交政策也因此而发生根本性转变，即从偏向西方转而采取"向东看"政策。

津巴布韦进行"快车道"土地改革后不久，欧洲议会便在2001年以占领和分配白人农场违反人权和法治为由，考虑对津巴布韦进行制裁。2002年2月18日，因与穆加贝政府在选举观察团问题上的分歧，尤其是观察团团长、瑞典人皮埃尔·沙里被穆加贝政府驱逐，而决定对津巴布韦实施"针对性制裁"。欧盟制裁的内容包括武器禁运、旅行限制和财产冻结三个方面；从制裁的对象来看，主要为穆加贝及另外19名政府与军队高官。[1] 此后，欧盟各成员国开始冻结对津巴布韦的信贷、投资和技术援助，并不断增加制裁对象，到2009年1月的高峰时期，共有包括穆加贝在内的203名政府高官或与政府关系密切的人，以及40个法人、实体或团体遭到制裁。

继欧盟之后，美国也对津巴布韦进行了制裁。

---

[1] The Council of the European Union, *Council Common Position of 18 February 2002*: *Concerning Restrictive Measures Against Zimbabwe* (2002/145/CFSP), published by Official Journal of the European Union, L. 50, Vol. 45, February 21, 2002.

2001年12月21日，美国总统乔治·布什签署《2001年津巴布韦民主与经济恢复法案》，称如果津巴布韦承诺进行公正、合法与透明的土地改革，以及恢复法治、改善选举环境和从刚果（金）撤兵等，美国将会为其提供2600万美元的援助，但该法案同时还要求美国立即与欧盟和加拿大等国协商，对津巴布韦的那些违反法治和从事政治暴力的人施加旅行和经济制裁。[1] 以此为基础，2002年2月22日，布什政府紧随欧盟宣布对穆加贝及其19名亲信进行旅行限制并冻结他们的财产。[2] 自此之后，美国每年一次延长对津巴布韦制裁。在2005年制裁的高峰期，津巴布韦共有128个人和33个实体在美国制裁的名单之上。此外，2005年1月18日，美国国务卿总统提名候选人康多莉扎·赖斯在参议院外交关系委员会听证会上还将津巴布韦纳入"暴政前哨"国家之一。[3]

除欧盟和美国之外，瑞士、澳大利亚、挪威和加

---

[1] The Senate and House of Representatives of the United States of America, *Zimbabwe Democracy and Economic Recovery Act of 2001*, December 12, 2001. 2010年12月15日，《2001年津巴布韦民主与经济恢复法案》被修订为《津巴布韦向民主和经济恢复过渡法案》（*Zimbabwe Transition to Democracy and Economic Recovery Act of 2010*）。

[2] "Bush Imposes Travel Sanctions on Zimbabwe", http://www.zimbabwesituation.com/old/feb24_2002.html#link9, 2016-02-02; ICG, *Blood and Soil*, p. 97.

[3] "Rice Stays Close to Bush Policies In Hearing", *The Washington Post*, January 19, 2005.

拿大等国也自2002年起分别对津巴布韦进行了制裁。这些制裁给津巴布韦造成了巨大损失。2019年7月22日，津巴布韦外交部部长西布西索·莫约称西方国家的制裁给津巴布韦带来了超过700亿美元的损失。[①]

在国内经济严重衰退和欧盟与美国等西方国家制裁的双重压力下，为摆脱国内经济危机、减轻对西方国家资金与市场的依赖，以及改善在国际社会中的处境，津巴布韦自2002年起开始实施"向东看"政策，将目光投向亚洲，积极发展同马来西亚、印度、新加坡、印度尼西亚、伊朗、泰国和巴基斯坦等国，尤其是与中国之间的政治经济交往。

作为津巴布韦2002年之后最为重视的外交政策，"向东看"政策具有两个方面的逻辑基础：其一，津巴布韦的发展不能完全依靠西方；其二，津巴布韦与东方国家具有良好的合作基础。"向东看"政策的目标主要包括两个方面：其一，在津巴布韦因西方国家制裁而失去传统市场和投资来源的情况下，"向东看"是津巴布韦谋求生存与发展的重要手段；其二，"向东看"政策有助于穆加贝政府重塑自己的形象，即通过将自己塑造为自由战士和解放者而提升在国内的合法

[①] Farirai Machivenyika, "Sanctions Scare Away US $ 70bn…SB Moyo Quantifies Cost of Illegal Embargo", https://www.chronicle.co.zw/sanctions-scare-away-us70bn-sb-moyo-quantifies-cost-of-illegal-embargo/.

性，通过自主选择自己的外交方式与对象而使自己成为国际舞台上的重要行为体。就结果而言，"向东看"政策虽然并没有能够帮助津巴布韦走出经济危机的泥淖，且在执行过程中存在诸多的问题，但其毕竟为深陷西方国家制裁中的津巴布韦提供了一种选择，而且其还得到了其他一些非洲国家的效仿，并因此而在一定程度上改变了非洲的国际关系格局。①

（三）姆南加古瓦政府"重新融入国际社会"时期（2017年11月至今）

2017年11月政治剧变和姆南加古瓦担任总统之后，津巴布韦再次转变外交理念，推行"重新融入国际社会"的政策。该政策的核心为积极谋求改善与西方国家之间的关系，正如姆南加古瓦曾明确表示的那样："我们呼吁那些在过去惩罚我们的国家重新考虑向我们施加的经济与政治制裁……让我们作为平等与彼此独立的合作伙伴，以互利共赢的方式开启新的一页。"

当然，推行"重新融入国际社会"政策并谋求改善与西方国家的关系，并不意味着放弃"向东看"政策和忽视与周边国家的关系。该政策的出台，凸显了姆南加古瓦政府比穆加贝政府更加实用主义的外交理

---

① "How Mugabe's Look East Policy Influenced the World", *The Herald*, June 4, 2013.

念，因为其之所以谋求改善与西方国家的关系，主要是为了获取它们的援助和投资，所以在与西方国家交流与沟通的时候，无论姆南加古瓦还是其他政府高官均一再宣称会确保包括西方国家投资在内的所有外国投资的安全。

为了具体落实该政策，姆南加古瓦上台不久之后，便于2018年1月前往瑞士参加达沃斯世界论坛，承诺将带来开放的商业模式，强调将推行双赢政策以促进和保护外来投资。2018年9月，姆南加古瓦前往美国纽约参加联合国大会，在会上一改前总统穆加贝将重心放在政治上面的做法，更加关注经济发展和重新融入国际社会，并与英国、美国、比利时，以及国际货币基金组织等国际金融机构进行了双边会谈。

姆南加古瓦改善与西方国家关系的重点，仍然是英国和美国这两个国家。就英国而言，姆南加古瓦在2018年2月初会见英国特使时明确表示，津巴布韦希望重返英联邦，此后他又在不同场合多次表达了这一愿望。一个月之后，姆南加古瓦派遣财政部部长奇纳马萨作为特使前去访问，并向时任英国首相特蕾莎·梅递交了自己的一份私信，此举被外界广泛解读为津巴布韦谋求改善与英国关系的"破冰之旅"。2018年4月，津巴布韦外交部部长莫约应邀参加英联邦峰会，这是津巴布韦自2003年退出英联邦后的第一次。此外，姆南加古瓦就任总统后，英方先后派出3位首相特使访津以推动两国关系正常化。然而，津巴布韦与英国改善关系的进程因2018年8月1日的选后骚乱而受到严重影响，其重新加入英联邦的事宜更是因此而被英国搁置而变得遥遥无期。2019年7月，外交部部长莫约率团访问英国，以求加强两国关系和吸引英国投资者进入津巴布韦，但最终收效甚微。

前文指出，欧盟和美国的制裁使津巴布韦遭受了重大损失。自2014年以来，欧盟大幅度减轻对津巴布韦的制裁，尤其是从当年11月1日起取消了对其经济制裁，且计划在2015—2020年向津提供总额为2.34亿美元的发展援助。与欧盟相比，美国对津政策虽有所缓和，尤其是加大了对津人道主义援助，但却并未放松对津制裁。姆南加古瓦政府上台后，美国虽恢复了对津高层交往，且表达了与之合作的意向，但特朗普政府还是先后在2018年和2019年两次决定将对津制裁再延长一年。此外，美国政府还明确表示，是否恢复与津巴布韦的关系将取决于姆南加古瓦政府是否"推行宪政民主、自由与公平的选举、尊重人权和法治，以及改善贸易与投资环境，等等"。[①] 2019年6

---

① "US Sets Terms for Mnangagwa's Govt, Orders Military off the Streets", http://www.newzimbabwe.com/news-40641-US＋sets＋terms,＋orders＋army＋off＋the＋streets/news.aspx.

月，姆南加古瓦应邀参加在莫桑比克首都马普托举办的美非商业峰会，并在会议期间与美国国务院负责非洲事务的助理国务卿蒂伯·纳吉举行了会晤，但他在两周之后就此表示，美国以在联合国投票中与美国步调一致作为获取其资金支持的先决条件，津巴布韦对此无法接受。① 由此来看，津巴布韦与美国改善关系的努力，在短期内也难以收到成效。

除了英国和美国之外，姆南加古瓦政府还将"重新融入国际社会"的目标对准了俄罗斯、日本和阿联酋等国。2019 年 1 月，姆南加古瓦访问俄罗斯、哈萨克斯坦、白俄罗斯和阿塞拜疆，与俄罗斯就钻石开采等达成协议。8 月底，姆南加古瓦前往日本参加第七届东京非洲发展国际会议，会见了日本首相安倍晋三和拜访了日本德仁天皇。姆南加古瓦在会后表示，日本考虑帮助津巴布韦在农业、矿业、基础设施建设等领域实现现代化。然而日本政府在声明中称，政治体制改革对促进商业发展至关重要，希望津巴布韦政府在姆南加古瓦的带领下推进改革和民主化进程，这实际上与美国当前的立场大致相同，预示着津巴布韦难以从日本获得大规模的援助与投资。

总体而言，因 2018 年 8 月的选举骚乱和与西方国

---

① "Zim Rejects Conditions on US Money", *The Herald*（Harare），July 6, 2019.

家在政治改革方面存在分歧，姆南加古瓦政府"重新融入国际社会"的政策目前推行的并不顺利，且收效也并不是很明显。然而这一政策所具有的强烈的实用主义色彩，不仅预示着津巴布韦外交政策的转变，更会对其与中国之间的关系产生一定的影响。

二　中津关系的历史与现实基础

中津两国友好关系具有深厚的历史基础。根据曼耶鲁克和曼达拉的说法，中国与津巴布韦的关系可以追溯到"600年前的明清时期，当时中国同蒙胡穆塔帕（Munhumutapa）王国开展了贸易与文化交流"。[①] 该说法虽仍缺乏史料支持且尚未在学界达成共识，但大津巴布韦遗址和卡米遗址发掘出来的中国的瓷器表明，至少在14—15世纪，大津巴布韦王国和托尔瓦王国就已经通过与东非沿岸的长途贸易，将中国的商品带到了当地，或者说与中国有了间接贸易或间接联系。

有史可查的中国与津巴布韦之间的直接联系，始于19世纪末中国移民前往南罗得西亚。据津巴布韦前基础教育部部长、著名华人教育家朱惠琼称，她的祖

[①] C. Manyeruke and L. Mhandara, "Zimbabwe's Views on Current Transformation of the International System", *Global Review*, 2011, p. 87.

父朱箕奎在 1896 年从广东台山海晏镇的春场村前往南罗得西亚谋生。根据索尔兹伯里（现津巴布韦首都哈拉雷）市政当局的统计，索尔兹伯里在 1897 年有 4 名中国人，均从事蔬菜种植工作。① 笔者曾在 2019 年 7 月 8 日前往哈拉雷市郊的中国人公墓参观，发现最早在当地逝世的人名叫何上敬，来自关东顺邑，逝世年份为 1899 年。进入 20 世纪后，随着中国契约劳工被招聘到南罗得西亚的矿山、铁路和农场工作，当地中国人的数量有所增加，其中在 1904 年、1907 年和 1911 年的数量分别为 54 人、52 人和 49 人。② 此后，随着这些人结婚生子、亲属前来投奔，以及有不少人从莫桑比克和南非等国迁入，到 20 世纪五六十年代的时候，南罗得西亚有近 3000 名华侨华人，其中索尔兹伯里有 1700 多人，布拉瓦约有 1000 多人。③ 这是中国老一代侨民在津巴布韦的顶峰期，当时他们建立了俱乐部，经常举行舞会等各种聚会，他们还建立了男女篮球队并前往南非参加比赛。20 世纪 70 年代，随着津巴布韦民族解放斗争的开展，伊恩·史密斯政府开始

---

① Ali Mchamed Hassan Kalsheker, *The 1908 Asiatics Ordinance in Perspective*, University of Rhodesia: Department of History, Henderson Seminar No. 27, pp. 5 – 6.

② Ibid., p. 12.

③ 2019 年 7 月 5 日，笔者在布拉瓦约采访华侨黄允锜先生；2019 年 7 月 23 日，在哈拉雷采访华侨李玉海先生。

征召华人参军，有不少人为了逃兵役而迁往英国、加拿大、澳大利亚和新西兰。1980年津巴布韦独立后，又有不少华人离开津巴布韦。到20世纪末，老一代华人的数量已经不足500人。到2019年7月笔者前往津巴布韦调研时，获悉他们的数量已在100人以下，其中绝大多数还是老年人。

中华人民共和国成立后，由于津巴布韦当时仍未独立，因此两国并未建立外交关系。自20世纪60年代津巴布韦民族解放运动兴起并发展壮大之后，中国对津巴布韦非洲民族联盟进行了支持。一方面，中国向津民盟的游击队津巴布韦非洲人民革命军（ZANLA）提供了大量军事装备；另一方面，中国帮助津巴布韦培训了一些军事干部，这其中就包括现任总统姆南加古瓦。中国的支持不但有助于津民盟从一个相对弱小的团体发展成为津巴布韦最大的民族解放运动组织，而且使其在斗争策略、革命理念乃至独立后的政治经济发展道路上，均与中国具有了一定程度的相似性，从而为独立后中津两国关系的开展奠定了重要的基础。

津巴布韦在1980年4月18日独立，独立当天中国便与其建立外交关系。建交伊始，中国继续向津巴布韦提供军事援助，其中包括15架歼6战斗机、52架歼7战斗机、35辆59式重型坦克和20辆T60轻型坦克等，以及帮助津巴布韦空军训练飞行员等。① 中国还向津巴布韦提供了其他各种类型的援助，如在1984年援建位于首都哈拉雷的国家体育馆，20世纪90年代向津巴布韦提供粮食援助、打井援助、农业基础设施和办公用品等（见表2-1）。这些援助项目无疑有助于推动中津友好关系的发展，正如津巴布韦前外长辛巴拉谢·蒙本盖圭（Simbarashe Mumbengegwi）所指出的那样："中津关系源远流长，中国为津巴布韦的民族独立斗争提供了巨大的支持，在津巴布韦独立后，中国政府和人民仍提供了大量的发展援助，所有这些都将被津巴布韦人民永远铭记。津巴布韦政府也将坚定地致力于不断加强与中国的传统友谊和合作关系。"

表2-1　　　　　　20世纪90年代中国对津巴布韦的援助

年份	金额（万美元）	用途
1992	60	1992年津巴布韦干旱期间捐赠玉米
1995	24	在马斯温格省钻22口井
1996	125	
	54	购买拖拉机
	24	用于支持在津巴布韦的中国教练，以及从中国购买体育器材设备
	42	谷坝基础设施的发展

---

① 孙灿：《中国与津巴布韦经贸合作研究（2000—2018）》，硕士学位论文，上海师范大学，2019年，第10页。

续表

年份	金额（万美元）	用途
1998	60	购买办公设备
1999	24	购买办公设备
1999	24	购买办公设备
1999	30	太阳能项目
1999	120	
	50	食品援助
	7	维护津巴布韦国家体育馆
	8	津巴布韦矿产测绘勘探
	55	交通与通信项目

资料来源：孙灿：《中国与津巴布韦经贸合作研究（2000—2018）》，硕士学位论文，上海师范大学，2019年，第12—13页。

中国与津巴布韦建交后，两国政治关系不断深入发展，尤其是高层领导频繁互访。中国部级以上官员访问津巴布韦的包括：国务委员兼国防部部长迟浩田（1994年），国务院副总理朱镕基（1995年），国家主席江泽民（1996年），国务委员陈俊生（1996年），全国政协副主席钱正英（1997年），全国人大常委会副委员长许嘉璐（1999年），外交部部长唐家璇（2000年），中共中央政治局常委尉健行（2002年），全国政协副主席万国权（2003年），国务委员陈至立（2004年）和全国人大常委会委员长吴邦国（2004年），全国人大常委会副委员长、中国人民争取和平与裁军协会会长何鲁丽（2006年），中国人民对外友好协会副会长王运泽（2006年），全国政协主席贾庆林（2007年），全国政协副主席王刚（2010年），国务院副总理王岐山（2011年），全国人大常委会副委员长周铁农（2011年），全国政协副主席厉无畏（2011年），中共中央政治局委员、书记处书记、中宣部部长刘云山（2011年），外交部部长杨洁篪（2011年），国务院副总理回良玉（2012年），国务院副总理汪洋（2013年），中共中央政治局委员、北京市委书记郭金龙（2014年），国务委员杨洁篪（2015年2月），国务委员兼国防部部长常万全（2015年3月），国家主席习近平（2015年12月），中国政府特使、外交部部长助理陈晓东（2017年11月），习近平主席特使、全国政协副主席苏辉（2018年8月）。津巴布韦政府高官访问中国的包括：总统穆加贝（1980年、1981年、1985年、1987年、1993年、1999年、2005年、2008年、2010年、2011年、2014年、2017年）、副总统西蒙·穆曾达（1996年）、参议长姆南加古瓦（2001年）、司法部部长帕特里克·奇纳马萨（2003年）、总理摩根·茨万基拉伊（2012年）、参议长玛宗圭（2015年）、副总统穆波科（2016年8月）、总统姆南加古瓦（2018年4月、9月）和外交部部长西布西索·莫约（2019年6月）等。尤其需要指出的是，穆加贝曾会见过除毛泽东之外的历届中国领导人。

政治上的友好关系为两国间经贸关系的发展创造了良好的条件。早在1981年和1985年，中国政府便先后与津巴布韦政府签署了《中华人民共和国政府和津巴布韦共和国政府贸易协定》和《中华人民共和国政府和津巴布韦共和国政府关于成立经济技术和贸易合作混合委员会的协定》，为两国开展经贸关系奠定了法律基础。此后，中国还先后在1996年和2015年与津巴布韦政府签署了《中华人民共和国政府和津巴布韦共和国政府关于鼓励和相互保护投资协定》和《中华人民共和国政府和津巴布韦共和国政府对所得避免双重征税和防止偷漏税的协定》，进一步为两国相互投资和深化经贸合作提供了法律支持。此外，中国与津巴布韦还设立了经济贸易联合委员会。

从两国经贸关系的具体发展历程来看，主要经历了两个阶段，第一个阶段为1980—1999年，是两国经贸关系稳步提升阶段；第二个阶段为2000年至今，是两国经贸关系大发展阶段。在第一个阶段，中国与津巴布韦的关系主要集中在政治与援助领域，双方经贸合作的总体规模并不是很大，如1986—1990年，两国仅签署了1.6946亿美元的经贸合同。这一时期两国之间的贸易额也许更能说明问题，根据中国海关总署提供的数据，1995—1999年两国之间的贸易额，最高仅为1998年的1.32亿美元，1999年又下降为7160万美元。

2000年之后，中国与津巴布韦的经贸关系进入大发展时期，其原因主要包括经济全球化浪潮的推动，中国在2000年启动中非合作论坛加强对非合作，津巴布韦在2002年遭受西方制裁后采取"向东看"政策并将重点放在中国，以及中津友好关系继续向深入发展。

中国与津巴布韦经贸关系大发展主要表现在以下几个方面。第一，双边贸易额不断攀升，2000年仅为1.35亿美元，2012年首次超过10亿美元，2017年继续增加到13.16亿美元（见表2-2），到2015年，中国成为津巴布韦第四大贸易伙伴。中国主要从津巴布韦进口烟草，向津巴布韦出口机电和高新技术产品。第二，中国对津巴布韦投资不断增加，投资流量在2003年仅为3万美元，2007年首次超过1000万美元，2011年首次超过1亿美元，达到4.4亿美元，2013年则进一步达到5.18亿美元；投资存量从2003年的3674万美元增长到2016年的18.39亿美元（见表2-3）；投资领域从采矿业逐步向制造业、农业和交通运输业等产业扩展，在津中资企业由2000年之前的少数几家增加到2012年的45家，其中规模较大的企业包括天泽烟草有限责任公司（中烟）、中钢津巴布韦铬铁控股公司、华津水泥有限公司（中材）和华陇建筑津巴布韦有限公司等。[1] 第三，对津工程承包在经历2003年、2004年和2009年的低潮期后，从2000年的8692万美元增长到2017年的3.06亿美元，并一度在2013年达到9.85亿美元（见表2-4）。最后，2007年4月，津巴布韦承认中国完全市场经济地位，这有助于中国进一步开展与津巴布韦的经贸合作关系。

表2-2　1999—2017年中国与津巴布韦双边贸易额　（单位：万美元）

年份	贸易总额	中国对津出口	中国从津进口	贸易差额
1999	7160	2726	4434	-1708
2000	13465	3191	10274	-7083
2001	14816	3327	11489	-8162
2002	19175	3216	15959	-12743
2003	19735	3027	16708	-13681
2004	25424	11306	14118	-2812
2005	28329	12537	15792	-3255
2006	27538	13629	13909	-280
2007	34438	20161	14277	5884
2008	28131	13310	14821	-1511
2009	29713	15626	14087	1539
2010	56156	31586	24570	7016
2011	87437	41028	46409	-5381
2012	101492	43049	58443	-15394
2013	110167	41383	68784	-27401

---

[1] 见中国驻津巴布韦大使馆经济商务参赞处网站，http://zimbabwe.mofcom.gov.cn/article/zxhz/201207/20120708215503.shtml。

续表

年份	贸易总额	中国对津出口	中国从津进口	贸易差额
2014	123951	40380	83571	-43191
2015	130472	54332	76140	-21808
2016	111460	38772	72688	-33916
2017	131585	44382	87203	-42821

资料来源：中国国家统计局网站（http://data.stats.gov.cn/easyquery.htm?cn=C01）。

表2-3　　　2003—2017年中国对津巴布韦投资流量与投资存量

（单位：万美元）

年份	2003	2004	2005	2006	2007	2008	2009
投资流量	3	71	147	342	1257	-72	1124
投资存量	3674	3806	4163	4615	5915	6001	9975
年份	2010	2011	2012	2013	2014	2015	2016
投资流量	3380	44003	28747	51753	10118	4675	4295
投资存量	13454	57644	87467	152083	169558	179892	183900

资料来源：中华人民共和国商务部、中华人民共和国国家统计局、国家外汇管理局：《2011年度中国对外直接投资统计公报》，中国统计出版社2012年版，第31、36页；中华人民共和国商务部、中华人民共和国国家统计局、国家外汇管理局：《2017年度中国对外直接投资统计公报》，中国统计出版社2018年版，第46、51页。

表2-4　　　中国对津巴布韦承包工程完成营业额　　（单位：万美元）

年份	2000	2001	2002	2003	2004	2005	2006	2007	2008
额度	8692	7826	7382	4564	4792	8932	7530	8664	15888
年份	2009	2010	2011	2012	2013	2014	2015	2016	2017
额度	6509	13805	39891	38296	98507	30581	45789	44363	30591

资料来源：中国国家统计局网站（http://data.stats.gov.cn/easyquery.htm?cn=C01）。

中国与津巴布韦在科技、文化和教育等领域也开展了多方面的合作,取得了显著的成就,为中津友好关系的发展与巩固发挥了积极的作用。早在1981年,中国便与津巴布韦签署了《中华人民共和国政府和津巴布韦共和国政府文化协定》,1993年和1996年,两国又分别签署了《中华人民共和国政府和津巴布韦共和国政府高等教育合作议定书》和《中华人民共和国政府和津巴布韦共和国政府民用航空运输协定》。2004年11月,津巴布韦航空公司曾开通哈拉雷至北京的直航。2007年3月,津巴布韦大学孔子学院正式开课。同年,津巴布韦著名智库南部非洲文献研究中心设立南部非洲中非关系研究所,旨在加强中国与非洲,以及中国与津巴布韦之间的学术交流。[①] 2017年全年在华津巴布韦留学生总数达到4607名。中国政府还向津巴布韦派遣了医疗队和农业专家组,并在春节等节日期间多次派遣文艺团体前往津巴布韦进行演出。此外,中国驻津巴布韦大使馆还经常举办各种类型的研讨会,如在2013年10月22—24日与南部非洲文献研究中心联合举办"中非关系研讨会",以及在同年11月18—20日举办"中非合作论坛—法律论坛"等。此外,到2017年,约有1万名华侨华人在津巴布韦工作和生活。

[①] 参见南部非洲中非关系研究所的网站（https：//icassa.sardc.net/）。

纵观中津全面战略合作伙伴关系建立之前两国关系发展的历程，可以发现其具有以下方面的特征。

第一，政治交往基础稳固。两国之间的交往不存在任何历史遗留问题，且自1980年建交以来，双边政治关系一直保持稳定发展。除高层互访密切频繁外，两国在政治领域互相给予对方必要的支持。津巴布韦一直坚持"一个中国"的原则，在人权问题和南海问题等上坚定地支持中国的立场。中国则在开展与津巴布韦的关系时坚持"不干涉内政"的原则，曾在2005年和2008年先后两次否决美国和欧盟在联合国推动的制裁津巴布韦的决议。正是因为在西方施加制裁后中国对津巴布韦的支持，有学者将中国称为"津巴布韦唯一重要的国际支持者"。①

第二，经济交往使津巴布韦受益颇多。自遭受西方国家制裁和实施"向东看"政策以来，中国成为为数不多的全面开展对津经贸关系的国家之一，并因此而为津巴布韦经济发展做出了重要的贡献。就贸易而言，两国之间的贸易额不但一直稳步提升，而且除2007年、2009年和2010年外，津巴布韦一直为贸易顺差，在2014年和2017年顺差额甚至有4亿多美元。

---

① Joshu Eisenman, "Zimbabwe: China's African Ally", *China Brief*, Vol. 5, Issue 15, http://www.jamestown.org/single/? tx_ ttnews%5Btt_news%5D=3877#. VbDfFNKl8h0.

如果没有从中国获得的贸易盈余,津巴布韦居高不下的经常项目赤字还会进一步恶化。就投资而言,中国对津巴布韦的投资存量,在2003年至2016年的14年间,从3674万美元增长到18.39亿美元,增长了50倍,且中国连续多年一直是津巴布韦最大的投资来源地。自2002年遭受西方国家制裁,以及自2010年实施本土化政策以来,津巴布韦获得的外来投资远低于周边的莫桑比克、纳米比亚和赞比亚等国,投资不足问题已成为津巴布韦经济低迷的重要诱因,如果没有中国自2011年以来大幅度增加对津投资,津巴布韦的经济情况有可能会比现在更加严峻。

第三,双边关系在全面深化的同时呈现平衡发展的态势。随着两国政治与经济关系的不断深化与发展,两国交往的内容得以向文化、教育、科技和医疗卫生等领域不断拓展,而且更为重要的是,这些不断拓展的领域,正在与政治和经济交往相互推动、形成合力。此外,随着两国交往的不断渗入,交往的主体也呈现出多元化的态势,即由此前以官方交往为主,逐步向官方与民间交往同步进行,尤其是在津华侨华人正在为构建中津全面战略合作伙伴关系发挥越来越重要的作用。

三 中津全面战略合作伙伴关系的确立

习近平总书记在中国共产党第十九次全国代表大

会上的报告中指出："中国积极发展全球伙伴关系,扩大同各国的利益交汇点,推进大国协调和合作,构建总体稳定、均衡发展的大国关系框架,按照亲诚惠容理念和与邻为善、以邻为伴周边外交方针深化同周边国家关系,秉持正确义利观和真实亲诚理念加强同发展中国家团结合作。"

中国社会科学院亚太与全球战略研究院助理研究员丁工在2017年11月撰文指出,所谓"伙伴关系",是指国家间为寻求共同利益而建立的一种合作关系,是一种互不以对方为敌、平等而相互尊重、互不干涉内政、相互寻求共同的政治经济利益、保持并推进双方关系发展的良好状态。事实上,构建伙伴关系是中国外交的一项特色传统,也是一条结伴而不结盟的新路。自1993年与巴西建立第一个"战略伙伴关系"以来,中国的全球伙伴关系已经日益完善,中国构建全球伙伴关系的表述也日益明确、内涵渐趋丰富。从双边关系的文本描述来看,按照性质主要分成伙伴关系和合作关系,按照前缀表述又包含"战略""全面""友好"等修饰词语,其中战略具有比全面更近一层的长远含义,全面比友好更具协作深度。照此可知,对伙伴关系语义做出不同层次和性质的分析,说明这些伙伴关系在实际功能上主次有别而非两厢并列,意味着中国与不同国家间关系的远近亲疏或是重要性差异。①

就伙伴关系的类型来看,目前主要包括战略伙伴关系、战略合作伙伴关系、全面战略伙伴关系、全面合作伙伴关系和全面战略合作伙伴关系等 20 多种,而就国家间关系的远近亲疏或重要性而言,全面战略合作伙伴关系无疑要比大多数伙伴关系都要紧密和重要。从当前来看,与中国建立全面战略合作伙伴关系的国家,均为亚洲和非洲的友好国家,除津巴布韦外,另外还有越南、泰国、缅甸、柬埔寨、老挝、莫桑比克、刚果(布)、塞拉利昂、塞内加尔和纳米比亚等国。此外,在 2015 年 12 月的中非合作论坛约翰内斯堡峰会上,中非关系也被提升为全面战略合作伙伴关系的高度。

将中津关系确立为全面战略合作伙伴关系,充分体现了两国关系的战略性、伙伴性、特殊性和紧密性。然而这一关系的确立并非一蹴而就的事情,它建立在两国关系友好发展的历史与现实基础之上,经历了一个不断发展与深化的过程。

(一) 习近平 2015 年访问津巴布韦及其重要意义

在中国与津巴布韦友好关系的发展历程中,高层交

---

① 丁工:《浅谈中国的全球伙伴关系》,2017 年 11 月 28 日,中国日报网(http://world.chinadaily.com.cn/2017-11/28/content_35104042.htm)。

往发挥着至关重要的作用。津巴布韦前总统穆加贝曾先后十多次访问中国,现任总统姆南加古瓦也在2018年4月和9月两次访问中国。1996年5月21—22日,时任中国国家主席江泽民访问津巴布韦,这是两国建交以来中国国家元首第一次访问津巴布韦。江泽民在访问中表示,"作为津巴布韦的朋友,我们一直关注着你们的发展","中津两国在政治、经济、外交、文教、卫生等各个领域的合作卓有成效,堪称南南合作的典范","在双方的共同努力下,中、津两国和两国人民之间的传统友谊将不断得到发展"。[①] 江泽民此次访问津巴布韦,为两国友好关系发展增添了浓墨淡彩的一笔。

2015年12月1—2日,中国国家主席习近平对津巴布韦进行国事访问,这是两国建交之后中国国家元首第二次访问津巴布韦。早在此次访问之前,习近平已在2011年、2014年和2015年先后三次会见穆加贝,并在2014年8月穆加贝访问中国时表示:"中方愿同津方一道,弘扬传统友谊,加强各领域合作,做平等相待、相互支持、互利共赢、共同发展的好朋友、好伙伴、好兄弟。"[②]

[①] 《江泽民主席与穆加贝总统会谈》,《人民日报》1996年5月22日第1版;《穆加贝总统欢宴江主席》,《人民日报》1996年5月22日第6版;《江主席离津巴布韦回国》,《人民日报》1996年5月23日第1版。

[②] 《习近平同津巴布韦总统穆加贝举行会谈》,《人民日报》2014年8月26日第1版。

习近平此次访问津巴布韦取得了丰硕的成果，尤其是他于 2015 年 11 月 30 日在津巴布韦《先驱报》上发表的署名文章《让中津友谊绽放出更加绚丽的芳华》和 12 月 1 日与穆加贝的会谈，[①] 不但对中津友好关系进行了全面和系统的阐述，更为两国建立全面战略伙伴关系奠定了坚实的基础。

第一，总结了中津友好关系发展的原因。习近平就此指出："中国和津巴布韦虽然远隔万里，但联结两国人民的传统友谊深厚而牢固。在津巴布韦民族解放斗争时期，两国人民并肩战斗，结下了难忘的战友情。""1980 年 4 月 18 日津巴布韦独立当天，中津两国就建立了外交关系。35 年来，中国人民和津巴布韦人民风雨同舟，友谊历久弥坚，合作硕果累累。""中津关系不平凡的发展历程表明，中津友谊源于两国真诚友好、重情守义的文化传统，源于两国共同遵循的独立自主、相互尊重等对外关系基本原则，源于两国发展经济、改善民生的共同使命。"

第二，阐明了中津友好关系的定位。习近平指出，中国和津巴布韦是真正的全天候朋友，双方在各自发

[①] 具体可见："Statement by Chinese President Xi Jinping: Let the Sino-Zim flower bloom with new splendor", *The Herald*, November 30, 2015（《让中津友谊绽放出更加绚丽的芳华》,《人民日报》2015 年 12 月 1 日第 2 版）；《习近平同穆加贝总统举行会谈》,《人民日报》2015 年 12 月 2 日第 1 版。

展过程中守望相助、精诚合作，中国永远不会忘记老朋友。习近平还强调，中方将继续秉持真实亲诚的对非政策理念和正确义利观，同津方一道努力，把中津两国打造成平等相待、相互支持、互利共赢、共同发展的好伙伴、好朋友、好兄弟。无论"全天候朋友"，还是"好伙伴、好朋友、好兄弟"的表述，都凸显了中津友好关系已经达到了新的历史高度。

第三，明确了中津友好合作的内容。习近平在《让中津友谊绽放出更加绚丽的芳华》一文中指出，中国与津巴布韦要继续在涉及彼此核心利益和重大关切问题上相互理解和支持；要把两国发展战略紧密对接起来，将经济互补优势转化为更多实实在在的合作成果，加强发展理念交流，推动务实合作提高水平；要密切人文交流，加强教育、文化、卫生、旅游、青年、智库、媒体等领域合作，巩固两国友好民意和社会基础，让中津友谊代代相传；要加强国际协作，维护发展中国家正当权益。在与穆加贝会谈时，习近平又进一步指出，中国将一如既往支持津巴布韦维护主权、安全、发展权益，支持津巴布韦在国际和地区事务中发挥更大作用；双方要保持高层交往，密切政党、立法机关、地方等交流，推动各领域合作全面发展；中方愿推动中津经贸合作向生产加工和投资经营优化发展，鼓励更多中国企业到津巴布韦投资，优先打造现代农业产业链、矿业产业链和制造业基地，参与电力、信息通信、交通等基础设施建设和运营，创新融资途径。

穆加贝在会谈中给予了热烈的回应，称"中国是津巴布韦的全天候朋友。津方高度赞赏中方始终对包括津巴布韦在内非洲国家真诚相待，感谢中方长期以来给予津方各方面宝贵帮助。津方希望在国家经济社会发展中借鉴中国经验，继续得到中方支持，在农业、工业、基础设施等领域加强同中方合作"。

（二）中津全面战略合作伙伴关系的建立

2017年11月，津巴布韦发生政治剧变，执政37年的穆加贝辞去总统职务，姆南加古瓦在11月24日宣誓就任总统，津巴布韦自此进入"后穆加贝时代"。

对于津巴布韦此次政治剧变，中国坚决贯彻不干涉内政的原则，中国外交部发言人明确表示，"中方密切关注津巴布韦局势发展。津巴布韦保持和平稳定发展，符合津巴布韦、地区国家的根本利益，也是国际社会的普遍期待。我们希望津巴布韦有关方面妥善处理好内部事务"，"作为津巴布韦的好朋友，中方对津有关各方着眼国家长远和根本利益，坚持在法制框架下，通过对话协商和平、妥善解决有关问题表示赞赏，相信津人民有能力保持政局稳定、国家发展"。

姆南加古瓦宣誓就职后，习近平主席专门致电祝贺，表示"中津是好朋友、好伙伴、好兄弟，中津关系经受住了时间和国际风云变幻的考验。中方珍视同津方的传统友谊，愿同津方一道努力，推动中津关系及各领域合作继续向前发展，更好造福两国和两国人民"。2017年11月29日，中国政府特使、外交部部长助理陈晓东访问津巴布韦并向姆南加古瓦转达了习近平的口信。姆南加古瓦在会见陈晓东后表示，两国关系"一直都非常友好温暖，我的责任就是继续巩固两国关系……（中国政府特使陈晓东）是我就职以来迎来的第一位外国特使，这非常有意义"。[①]

中国还向津巴布韦提供了实质性的支持。12月6日，中国驻津巴布韦大使黄屏与津巴布韦财政部部长奇纳马萨分别代表各自政府签署了三个政府间协议，包括提供优惠贷款框架协议及两笔无偿援助经济技术合作协定，用于罗伯特·穆加贝国际机场升级改造和议会大厦、超算中心二期及双方商定的其他项目建设。奇纳马萨在签署协议后表示："中国是津巴布韦最重要的合作伙伴，是全天候的真朋友。每当津巴布韦遭遇困难，中国朋友总是伸出援手，津政府和人民对中国充满感激。"[②]

[①] 沈晓雷：《津巴布韦政局变化与执政党津民盟的政策走向》，《世界知识》2018年第1期。
[②] 《中津三个政府间协议在哈拉雷签署》，2017年12月9日，中国外交部网站（https://www.fmprc.gov.cn/web/zwbd_673032/wshd_673034/t1518001.shtml）。

正是由于中国政府的支持，姆南加古瓦在国内局势稳定后，于2018年4月2—6日对中国进行了国事访问。这是他上台执政后首次对非洲大陆以外的国家进行国事访问，充分体现了他对中津关系的高度重视和进一步发展两国关系的决心。访华期间，中津签署了经济技术、农业、科技、人力资源开发等领域的合作文件。姆南加古瓦还参加了两场津巴布韦投资及贸易促进会，会见了中国企业家，介绍了津巴布韦最新政治经济形势和对外政策，并邀请中国投资者前往津巴布韦投资兴业。

姆南加古瓦在访华期间最重要的一场活动，是4月3日在人民大会堂与习近平主席的会谈。正是在这次会谈中，两国元首一致决定将中津关系定位提升为全面战略合作伙伴关系，推动双方关系好上加好。这是中国继莫桑比克（2016年5月）、刚果（布）（2016年7月）、塞内加尔（2016年9月）、塞拉利昂（2016年12月）和纳米比亚（2018年3月）后，与非洲第六个国家建立全面战略合作伙伴关系。

中津全面战略合作伙伴关系的建立，是两国友好关系长期发展的必然结果。正如双方领导人在会见时所说，"长期以来，中津两国两党关系密切，双方始终相互尊重、平等相待，保持高度政治互信，经贸合作成果丰硕，人文交流亮点纷呈。新形势下，中津关系发展面临新的机遇。中方愿同津方一道，共同规划两国合作新蓝图，续写中津关系新篇章，更好造福两国和两国人民"。"津中传统友谊经受了时间和形势变化的考验。津巴布韦政府和人民永远不会忘记中国一直以来给予的支持，感谢中国多年来对津巴布韦改善民生的帮助。津巴布韦将始终坚持一个中国政策，愿推进同中国的全面战略合作伙伴关系。"

对于如何推进中津友好合作关系，双方领导人也在会谈时进行了谋划。具体举措如下：第一，保持高层交往势头，密切各层级交往，做好各领域合作顶层设计和规划，继续在涉及彼此核心利益和重大关切问题上相互理解、相互支持；第二，加强发展战略对接和治国理政交流，继续有序推进贸易、投资、科技、电信、基础设施等全方位务实合作；第三，加强人文合作，不断夯实两国友好的民意和社会基础；第四，中国支持津巴布韦探索符合自身国情的发展道路，愿同津巴布韦加强在地区和国际事务中的协调和配合，呼吁有关西方国家和组织早日同津巴布韦改善关系，为津巴布韦发展多做实事；第五，津巴布韦将始终坚持一个中国政策，将致力于深化非中友好关系，支持中非合作论坛框架下合作，支持非洲积极参与"一带一路"建设合作。

2018年9月5日，中国与津巴布韦签署《中华人民共和国和津巴布韦共和国关于共同推进丝绸之路经济带和 21 世纪海上丝绸之路建设的谅解备忘录》，津巴布韦成为中国在非洲推行"一带一路"倡议的重要合作伙伴，中津全面战略合作伙伴关系进入了新的发展时期。

第三章 "一带一路"与中津合作的新机遇

2013年9月和10月,中国国家主席习近平先后在哈萨克斯坦和印度尼西亚提出建设"新丝绸之路经济带"和"21世纪海上丝绸之路"的合作倡议,两者后被并称为"一带一路"倡议。"一带一路"倡议的核心内容是"政策沟通、设施联通、贸易畅通、资金融通、民心相通"(简称"五通"),战略目标是通过更广泛国家的合作,创新增长和发展模式,为世界发展提供多元发展选择和发展动力,打造人类命运共同体。[①]

"一带一路"倡议自提出以来,已经取得了丰硕的成果。作为中国的重要伙伴,非洲是"一带一路"建设的历史和自然延伸,也是"一带一路"国际合作不

[①] 姚桂梅、许曼:《中非合作与"一带一路"建设战略对接:现状与前景》,《国际经济合作》2019年第3期。

可或缺的组成部分。截至2019年9月,已有40个非洲国家与中国签署了"一带一路"合作文件,其中,津巴布韦与中国在2018年9月5日签署《中华人民共和国和津巴布韦共和国关于共同推进丝绸之路经济带和21世纪海上丝绸之路建设的谅解备忘录》,成为中国在非洲大陆推行"一带一路"倡议的重要合作伙伴。共建"一带一路"不但是两国友好关系发展的必然结果,而且将为中津合作提供新的机遇。

一 中津共建"一带一路"的机遇与挑战

从当前来看,中国与津巴布韦共建"一带一路"既具有良好的机遇,又具有一定的挑战,可谓机遇与挑战并存。

(一) 中国与津巴布韦共建"一带一路"的机遇

第一,两国已就共建"一带一路"达成共识。早在2018年3月3日,津巴布韦总统姆南加古瓦在访问中国前夕接受记者采访时便明确表示,"一带一路"倡议对促进全球贸易自由化、连通内陆和沿海国家、加快发展中国家经济发展有着重要意义,"津巴布韦将全方位参与'一带一路'建设"。4月3日,习近平主席在会见姆南加古瓦总统时表示,两国"要加强发展战略对接，深化在'一带一路'和中非合作论坛框架内合作，继续有序推进基础设施建设、农业、投融资等领域合作"，姆南加古瓦则"高度评价中方'一带一路'伟大倡议，支持中非合作论坛框架下合作，支持非洲积极参与'一带一路'建设合作"。在2019年中非合作论坛北京峰会期间，习近平主席在会见姆南加古瓦时表示，感谢他在峰会上表达同中方携手共建"一带一路"的积极意愿，姆南加古瓦回应称，津巴布韦将"全力支持中方提出的'一带一路'倡议和中非合作论坛框架下的合作措施，希望加强同中国投融资、基础设施、农业、通信、电力等领域合作"。会后，两国元首见证了"一带一路"合作文件的签署。两国元首的共识，为两国共建"一带一路"打下了坚实的基础。

2015年4月25—27日，第二届"一带一路"国际合作高峰论坛在北京举行，津巴布韦新闻部部长穆茨万格瓦参加会议并发表演讲。在演讲中，她赞扬"一带一路"倡议为津巴布韦提供了最好的学习治国理政和发展经济的机会，希望津巴布韦成为中国"一带一路"合作的重要伙伴，期待中国能够帮助津巴布韦实现国家繁荣富强。在高峰论坛举办期间，《先驱报》《新闻日报》《每日新闻》《独立报》和《星期日邮报》等津主流媒体大篇幅集中报道了论坛盛况，称赞"一带一路"是习近平主席提出的国际经济合作倡议，是一条稳定、发展、繁荣之路，是一条焕发生机的历史之路，是一条构建人类命运共同体的必由之路。共建"一带一路"促进了世界的互联互通，增进了各国人民相互了解和友谊，推动了世界经济增长和繁荣，共建"一带一路"为世界各国发展提供了新机遇。4月29日，《星期日邮报》整版刊登郭少春大使署名文章，介绍在"一带一路"倡议和中非合作论坛框架下中津关系最新成果。《先驱报》也出版增刊，集中介绍"一带一路"倡议背景、成果及发展前景，在津巴布韦当地引起广泛关注和良好反响。[①]

第二，"一带一路"建设可对接津巴布韦的发展规划。2019年中非合作论坛北京峰会对中非共建"一带一路"提出了明确的要求。《关于构建更加紧密的中非命运共同体的北京宣言》指出："中非共建'一带一路'将为非洲发展提供更多资源和手段，拓展更广阔的市场和空间，提供更多元化的发展前景。我们一致同意将'一带一路'同联合国2030年可持续发展议程、非盟《2063年议程》和非洲各国发展战略紧密对接，加强政策沟通、设施联通、贸易畅通、资金融通、

[①] 《津巴布韦主流媒体热烈报道第二届"一带一路"国际合作高峰论坛》，2019年5月3日，http://zw.china-embassy.org/chn/xwdt/t1660474.htm。

民心相通，促进双方'一带一路'产能合作，加强双方在非洲基础设施和工业化发展领域的规划合作，为中非合作共赢、共同发展注入新动力。"

《中非合作论坛—北京行动计划（2019—2021年）》则确定了中非共建"一带一路"的一些具体措施，其中包括"全面推进'一带一路'建设与非盟《2063年议程》引领下的中非产能合作，充分发挥产能合作机制作用，推动具体项目取得务实成果，充分发挥大项目合作对深化产能合作的示范效应"；"中方将向非洲国家提供优惠性质贷款、出口信贷及出口信用保险额度支持，适当提高优惠贷款优惠度，创新融资模式，优化贷款条件，支持中非共建'一带一路'，支持中非产能合作和非洲基础设施建设、能源资源开发、农业和制造业发展以及全产业链综合开发"；"中方将继续推进实施'一带一路'科技创新行动计划和'中非科技伙伴计划2.0'，重点围绕改善民生和推动国家经济社会发展的科技创新领域，并与非方合作推进实施'非洲科技和创新战略'，帮助非方加强'科技创新能力建设'以及安全、安全和法律等方面的合作等"。

自2017年11月上台以来，姆南加古瓦政府以经济发展为各项工作的重中之重，提出到2030年把津巴布韦建设成为一个富强繁荣的中等收入国家的愿景。这一愿景已成为姆南加古瓦政府经济与社会发展的主要目标，为实现这一愿景，姆南加古瓦政府确立了"商业开放"、重新融入国际社会和建立以私营企业为主导的市场经济路线图，并出台了《过渡期稳定计划（2018年10月—2020年12月）》《国家发展五年计划（2021—2025年）》和《国家发展五年计划（2026—2030年）》等指导性经济发展纲要。根据《过渡期稳定计划（2018年10月—2020年12月）》，津巴布韦将把经济发展的重心放在宏观经济和金融部门稳定，通过必要的政策和机构改革来向私营经济为主导的经济体制转型，解决基础设施落后问题，以及采取快速见效的手段来刺激经济增长方面。就具体措施而言，主要包括如下方面：其一，解决宏观经济不平衡问题，具体做到恢复财政平衡、动员国内储蓄和提高出口竞争力等；其二，通过机构改革来实现稳定、增长和发展，具体做到控制财政开支、进行公共部门改革、地方分权、反腐和改善营商环境等；其三，生产部门改革，具体包括建立智能农业、推动矿业开发和发展、恢复工业体系等；其四，服务业改革；其五，公共基础设施投资；其六，人力资源开发；其七，政府治理体系改革等。[①] 此外，根据《2018年津巴布韦投资指南和投资机会》，津巴布韦政府将采矿业、制造业、农

---

① Government of Zimbabwe, *Transitional Stabilisation Programme（October 2018 – December 2020）*, October 5, 2018, Harare.

业、旅游业、基础设施开发和大坝建设作为优先投资领域，并承诺为更好地吸引投资，将提供高效、有效、透明的系统；强化投资的法律框架，使之更为精简和现代化；以及在投资领域推动、发展并应有良好的国际标准和惯例。①

姆南加古瓦政府所提出的"2030年愿景"是一项系统、复杂且充满挑战的工程，从津巴布韦当前的社会经济发展水平来看，如果没有外部力量的大力推动，其实现将具有很大的难度。"一带一路"倡议的核心在于政策沟通、设施联通、贸易畅通、资金融通和民心相通，这与津巴布韦当前的发展规划具有相通之处，通过共建"一带一路"，中国可直接在治国理政、发展经验、基础设施建设、贸易、投资和金融等领域对接津巴布韦发展规划，为津巴布韦实现"2030年愿景"提供强大的助力。

第三，"一带一路"建设可助推津巴布韦经济发展。基础设施落后、资金匮乏和人才短缺是制约非洲实现自主可持续发展的三大瓶颈，中国与非洲国家共建"一带一路"有助于推动它们破解这三大瓶颈。中国在肯尼亚建设和运营的蒙巴萨至内罗毕标轨铁路是最好的例子。自2017年5月建成通车以来，蒙内铁路

---

① Government of Zimbabwe, *Investment Guidelines and Opportunities in Zimbabwe*, January 2018, p. 4.

已累计发送旅客270万人次，平均上座率90%以上，准点率达99.9%。蒙内铁路在建设和运营期间累计创造5万多个工作岗位，拉动肯尼亚1.5%的GDP增长，甚至英国外交大臣杰里米·亨特也在访问肯尼亚时表示，英国非常赞赏蒙内铁路等中国建设的重大项目对肯尼亚乃至非洲经济社会发展所做的巨大贡献。①

"一带一路"建设也可助推津巴布韦经济发展。从当前来看，制约津巴布韦经济发展的因素主要包括基础设施落后、投资能力严重不足、国际收支不平衡和缺乏高素质人才等。通过共建"一带一路"，津巴布韦可借鉴中国发展经验，尤其是借鉴中国改革开放、吸引外资和建设经济特区的经验；可加大农产品和矿产品对中国的出口以赚取更多的外汇；可充分利用"一带一路"的融资渠道，从亚洲基础设施投资银行、中非发展基金和丝路基金获取更多的资金支持；可加大中资企业投资津巴布韦农业、矿业和制造业等产业的力度；可借此培养更多的人才。就此而言，津巴布韦在共建"一带一路"这一问题上具有强大的动力和积极性。

当然，中津共建"一带一路"也能为中国带来收益：其一，可提高中国产品进入津巴布韦的份额；其

---

① 贺文萍：《"一带一路"与中非合作：精准对接与高质量发展》，《当代世界》2019年第6期。

二，可为中国投资进入津巴布韦创造更为良好的环境；其三，可增强两国在国际事务中的团结与合作。

（二）中国与津巴布韦共建"一带一路"的挑战

中国与津巴布韦共建"一带一路"尽管存在良好的机遇，但也面临着一些挑战，其中主要包括以下四个方面。

第一，津巴布韦当前经济形势不容乐观。津巴布韦经济自2013年以来一直增长缓慢，姆南加古瓦政府上台后奉行经济优先的政策，2018年情况稍有好转，但进入2019年后，由于旱灾导致粮食大幅减产，以及电力、供水和燃油等均严重不足，其国民生产总值可能会出现负增长，且这一态势可能还会持续一段时间。经济下滑不但会削弱津巴布韦的进出口能力，而且会因财政收入不足而导致姆南加古瓦政府无法改善公共基础设施和投融资环境，从而制约两国之间的贸易畅通和资金融通。当然，津巴布韦在经济层面对两国共建"一带一路"影响最大的是其货币问题。如前所述，自2019年以来，津巴布韦货币问题日益严重，6月24日将津巴布韦元确定为唯一法定货币后，其与美元之间的汇率虽一度相对稳定，大致维持在7∶1到10∶1的水平，但进入9月中下旬，津巴布韦元突然大幅度贬值，汇率甚至一度达到25∶1的高位。津财政部部长恩库贝已多次表示要发行本国货币，但在津巴布韦既无外汇又无黄金储备的情况下，一旦贸然发行，可能会再次出现通货膨胀。货币问题不但使津巴布韦无法为共建"一带一路"提供金融支持环境，而且会因汇率损失而对两国之间的贸易和投资产生较大负面影响，尤其是限制中国对津贸易和投资。

第二，津巴布韦政治局势还存在一些问题。2017年政治剧变解决了执政党津民盟内部的权力斗争和新老领导人之间的权力更替问题，2018年7月大选，津民盟战胜反对党民革运，姆南加古瓦当选总统，津巴布韦政局基本实现稳定。然而尽管如此，津巴布韦政治局势仍存在一些不稳定因素。其一，民革运不满大选结果，在大选结束之后即挑起骚乱，后又告上宪法法院。2019年之后，民革运仍不断拿大选做文章，多次组织罢工和游行示威，导致津巴布韦政治和社会屡现动荡。其二，姆南加古瓦执政后，津巴布韦经济状况并未大幅度改观，津国内民众思变、求变的心态仍异常强烈，如津经济形势在未来一两年内仍无法实现根本性逆转，一旦民革运借此加以煽动，不排除会出现大规模罢工和示威游行等行为。其三，津民盟已将姆南加古瓦确定为2023年总统选举的唯一候选人，这虽解决了党内纷争，但在当前经济局势及民心思变的态势之下，届时民革运将会对其产生巨大冲击，如津民盟无法控制局势，民革运赢得选举胜利，其必然会大幅调整津外交思路，从而会对中津共建"一带一路"产生冲击。

第三，津巴布韦的治国理政能力还有待提高。治国理政能力是中津共建"一带一路"的重要保障，然而从当前来看，津巴布韦的国家治理能力仍然还存在不足。一方面，津巴布韦腐败问题比较严重，在透明国际发布的世界各国"清廉指数"中，津巴布韦一直排名靠后，每年因腐败问题而遭受至少10亿美元的投资。腐败问题高发严重影响津巴布韦的国际贸易环境和投融资环境，不利于中国在"一带一路"的框架下开展与津巴布韦的贸易和投融资合作。2019年7月笔者在津调研期间，从华商那里获悉每进口一个货柜，在清关时需向津海关官员多支付3000美元左右的小费，且货物还经常会被海关官员偷盗，这种情况再加上因汇率造成的损失，他们当中有些干脆暂停进出口贸易。此外，津移民局、警察局等索贿现象也很严重，这些都严重不利于吸引外国投资。

另一方面，姆南加古瓦政府虽一再强调要提高办事效率，尤其是要在投资领域提供一站式服务，打造良好的投资环境，但实际上，不少政府部门的办事效率仍比较低，人浮于事的现象较为突出。根据世界银行2018年度《全球营商环境报告》，津巴布韦营商环境的 10 项主要指标具体为：开办企业需要 9 个程序，耗时 61 天；办理施工许可需要 10 个程序，耗时 238 天；获得电力供应需要 6 个程序，耗时 106 天；跨境贸易方面，出口需耗时 173 小时，进口需耗时 309 小时；执行合同需耗时 410 天；办理破产需耗时 3.3 年，费用占资产的 22%。笔者曾陪同一位华商前往奎鲁地方矿业部办事，他用了一个下午的时间，在不同部门之间来回问询，然后是漫长的排队等待，直到快下班时才最终处理完相关事宜。

第四，中国的资源与能力还存在不足。中津共建"一带一路"，虽主动权更多掌握在中国的手中，且资金和资源等主要由中国提供，但同时也应该看到，中国当前仍为发展中国家，仍存在发展质量不高、人均发展水平较低等问题，所以，中国不会对津巴布韦盲目且不计成本地大规模投入资源，中国也要从与津巴布韦共建"一带一路"中受益，也就说，中津共建"一带一路"，不是中国单方面的给予，而是双方实现共同发展、利益共享。就此而言，津方必须明确中国在与其开展"一带一路"项目的过程中，也要考虑成本效益和经济利益。此外还需要指出的是，中国的"一带一路"倡议是一个开放的系统工程，它所面向的并非只是少数几个国家，而是"一带一路"沿线的所有国家，目前仅对非洲而言，就已经有 40 个国家与中国签署了"一带一路"合作文件,就此而言,无论哪个国家,包括津巴布韦在内,能够从"一带一路"建设中获得资源都是极为有限的。就此而言,中津共建"一带一路",并不能完全依赖于"一带一路"框架所能提供的资源,而是应该以这些资源为基础或依托,进而拓展双边乃至多边合作渠道,从而真正通过共建"一带一路"而推动两国经济与社会发展。

二 中津共建"一带一路"的主要领域和进展

2018 中非合作论坛北京峰会通过的《关于构建更加紧密的中非命运共同体的北京宣言》指出,"中非共建'一带一路'将为非洲发展提供更多资源和手段,拓展更广阔的市场和空间,提供更多元化的发展前景",要"将'一带一路'同联合国 2030 年可持续发展议程、非盟《2063 年议程》和非洲各国发展战略紧密对接,加强政策沟通、设施联通、贸易畅通、资金融通、民心相通,促进双方'一带一路'产能合作,加强双方在非洲基础设施和工业化发展领域的规划合作,为中非合作共赢、共同发展注入新动力"。作为"一带一路"倡议的核心内容,"五通"由此也成为衡量中国与非洲国家共建"一带一路"成效的重要指标。有鉴于此，本报告拟从这几个方面来考察中津共建"一带一路"的主要领域和进展。另外需要指出的是，虽然中国只是在2018年9月才与津巴布韦签署"一带一路"合作文件，但此前中津友好合作的一些重要领域，其实也属于共建"一带一路"的范畴，因此本部分所涉及的合作项目和合作内容，并不仅仅限于2018年9月之后。

（一）高质量的政策沟通

中国与津巴布韦之间高质量的政策沟通主要体现在以下三个方面：一是最高领导人及其他政府官员之间的互访；二是双方在治国理政方面的交流和发展经验方面的共享；三是中国驻津大使馆的各项工作。

第一，最高领导人及其他政府官员互访。

中国与津巴布韦两国各级政府层面的访问十分频繁。在国家层面，自2015年以来，两国最高领导人实现了互访并进行了多次会晤。2015年12月，习近平主席访问津巴布韦，同月，在南非召开的中非合作论坛约翰内斯堡峰会上，习近平又与穆加贝总统举行了会晤。2017年1月，穆加贝访问中国，这是他任内最后一次访问中国。2018年4月，姆南加古瓦总统访问中国，这是他就任总统后对非洲大陆之外的国家进行的首次国事访问。2018年9月，习近平与姆南加古瓦又在中非合作论坛约翰内斯堡峰会上举行了会晤。中国其他国家领导人也多次访问津巴布韦。2018年8月,全国政协副主席苏辉作为习近平主席特使出席姆南加古瓦总统的就职仪式。2019年9月,全国政协副主席辜胜阻作为习近平主席特使出席前总统穆加贝的葬礼。

在部长级层面,2017年4月,国家工商行政管理总局局长张茅访问津巴布韦;6月,外交部副部长张明访问津巴布韦;11月,中国政府特使、外交部部长助理陈晓东访问津巴布韦并转达习近平主席口信;12月,中联部副部长徐绿平访问津巴布韦。2018年3月,津巴布韦财政部部长奇纳马萨和津巴布韦储备银行行长曼古迪亚访问中国,就中国对津经济救助方案进行商讨。2019年4月,津巴布韦新闻部部长穆茨万格瓦前往中国参加第二届"一带一路"高峰论坛。2019年5月,中国商务部副部长钱克明访问津巴布韦;同月,津巴布韦财政部部长恩库贝、国防部部长穆欣古里访问中国。2019年9月,国务院发展研究中心党组书记马建堂访问津巴布韦。

第二,治国理政交流和发展经验共享。

自姆南加古瓦政府在2017年11月上台以来,中津两国加强了在治国理政交流和发展经验共享方面的工作。早在2017年12月中联部副部长徐绿平访津期间,津总统特别顾问穆斯万瓦便在党内培训研讨会上表示，津巴布韦应重视与中国之间的关系，因为中国经验将为津巴布韦发展带来红利。此后，津民盟和津巴布韦政府先后多次派遣官员前往中国学习。

2018年11月，津民盟派遣高级干部考察团前往中国开展了为期10天的考察学习活动，考察团由25名成员构成，其中4名为津民盟中央政治局成员，其余21名为津民盟中央委员。代表团团长、津民盟政治局成员马图卡在中国驻津大使馆临时代办赵宝钢送行时表示："中国在党的建设和经济社会发展方面都取得了举世瞩目的成就，值得津巴布韦学习和借鉴。津方愿与中方加强交流，了解中国发展道路和成功经验，从而探索适合津自身国情的发展道路，使津早日实现国家发展与繁荣。"11月21日，津巴布韦官方媒体《先驱报》还发表了题为《向中国学习》的社论，称中国共产党领导中国从一个经济落后的国家发展成世界第二大经济体、全球经济的发动机。津民盟党应学习中国共产党党建和经济发展的先进经验，带领津早日摆脱贫困，实现2030年建成中等收入国家的愿景。①

2019年2月，津民盟再次派遣青年干部前往中国参访学习，代表团团长马蒂罗在临行时表示，中国的

---

① 《赵宝钢临时代办为津民盟代表团访华送行》，2018年11月28日，http://zw.china-embassy.org/chn/xwdt/t1617001.htm。

发展经验向广大发展中国家证明，只有探索出一条适合本国国情的发展道路才能实现国家发展和民族复兴。津民盟重视对青年干部的培养，此次派出多名青年干部赴华参访学习，迫切期待他们可以学习借鉴中国的发展经验，回国后学以致用，为推动津经济复苏和实现"2030年愿景"，深化两国务实合作做出新的重要贡献。

中国还先后多次举办研修班，为津巴布韦政府官员提供研修和学习的机会，这其中包括2018年津巴布韦高级政府官员公共管理研修班和2018年津巴布韦新闻媒体研修班，分别由福建省外经贸干部培训中心和浙江师范大学承办，共招收津巴布韦总统府、财政部、农业部、公务员委员会、教育部、环境部、司法部、媒体部等部门政府官员共50人；2019年津巴布韦青年就业与发展研修班，由福建省外经贸干部培训中心承办，共招收津巴布韦青年部、家庭部、地方政府部、高等教育部、妇女部、矿业部、交通部等部门政府官员共25人；2019年津巴布韦高级政府官员公共管理研修班，由国家行政学院国际和港澳培训中心承办，共招收津巴布韦总统与内阁办公室、外交和国际贸易部、地方政府部、司法部、社会福利部、公务员委员会等部门官员25人，在北京开展为期20天的培训，并赴上海、苏州实地考察。

第三，中国驻津巴布韦大使馆的各项工作。

为加强中津两国之间的政策沟通和深化两国之间的友好合作关系，中国驻津巴布韦大使馆也做了大量的工作。

中国驻津巴布韦历任大使都与津政府高级官员保持了较为友好和密切的关系。2018年9月签署"一带一路"合作文件后，使馆临时代办赵宝钢在10月先后会见了津民盟全国主席、国防部部长穆欣古里，警察总监马汤加和代外长、内政部部长马瑟马，并在11月2日拜会了姆南加古瓦总统。郭少春在2019年3月14日到任后，在不到一个月的时间里便拜会了津副总统奇温加、津民盟全国主席兼国防部部长穆欣古里、津内政和文化遗产部部长马瑟马、津参议长奇诺莫娜和津外交和国际贸易部部长莫约，并在4月25日到任拜会姆南加古瓦总统，此后，他又多次与姆南加古瓦总统进行了会面。

接受当地媒体采访，有助于当地民众客观地了解中国和中津两国合作的进展。2018年9月4日，临时代办赵宝钢在津巴布韦国家电台直播节目解读了习近平主席在北京峰会开幕时的讲话；10月，接受《独立报》采访，详细介绍了中国改革开放40年取得的成就、中国经济发展的经验、"一带一路"倡议、中非合作论坛北京峰会成果、中津关系最新进展等情况；

2019年2月26日晚,做客津电台Capitalk直播节目,就中津关系及两国务实合作情况接受专访。2019年6月6日,郭少春大使接受《先驱报》英文专访,全面阐述了中津双边关系及各领域合作的进展。①

此外,中国驻津大使还多次应邀前往津巴布韦军事院校授课。2017年2月和4月,前驻津巴布韦大使黄屏以"中国的外交政策和安全观"为题,先后前往津国防学院和参谋学院授课,深刻分析和介绍了中国当前面临的安全形势、中国提出新安全观的时代背景、中国新安全观的深刻内涵和具体实践,全面阐述了中国总体外交政策和对非政策,深入总结了中津两国关系发展的宝贵经验并对两国关系发展前景进行了展望。2019年4月23日,郭少春大使前往津军参谋学院,就"中非关系"向在该校学习联合指挥与参谋课程的津巴布韦国防军及南共体部分国家的中级军官学员授课,他对中非交往历史渊源、中国对非政策和中非合作等问题进行深入浅出的讲解介绍,并进一步阐释习近平新时代中国特色社会主义外交思想、"一带一路"倡议、中非合作论坛等内容,深入总结中非、中津关系发展的宝贵经验并展望发展前景,对抹黑中非合作的言论进行有力驳斥。

---

① 《郭少春大使就中津关系接受〈先驱报〉记者专访》,2019年6月10日,http://zw.china-embassy.org/chn/xwdt/t1670824.htm。

（二）不断发展的设施联通

津巴布韦为南部非洲内陆国家，中津两国既无海运相通，当前亦无飞机直航。但尽管如此，一方面，中国的货物和商品可经莫桑比克的贝拉港（距哈拉雷约600千米）和马普托港（距哈拉雷约1400千米），南非的德班港（距哈拉雷约1700千米），经陆路转运到津巴布韦，反之亦然；另一方面，两国之间的空中交通，可经南非的约翰内斯堡、肯尼亚的内罗毕、埃塞俄比亚的亚的斯亚贝巴、阿联酋的迪拜和阿布扎比等而实现通航，目前中国的北京、上海、广州和成都等地均已开通了经上述机场转机到哈拉雷或维多利亚瀑布城的航线。就此而言，中国与津巴布韦之间的交通连接还算便利，且存在较大改进的空间。

中津两国在通信领域的联通也进展顺利。作为中国电信业的巨头，华为在2002年进入津巴布韦，目前已发展成为在该国领先的通信企业之一。自2011年以来，华为在津巴布韦采取了一系列重要举措：2011年，华为独家承建运营商NetOne津巴布韦网的3G网络，使得该运营商率先在津巴布韦商用3G网络；2013年11月，华为在哈拉雷最大的网络运营商Econet Wireless合作成立服务中心，这是华为在非洲成立的第18个服务中心；2019年3月，华为和津电信运营商

TelOne 开始承建将贝特桥和布拉瓦约、哈拉雷、马斯温戈等城市连接起来的耗资 2.36 亿美元国家骨干光纤网络项目，该项目一旦完成，将大幅度提高津巴布韦的信息通信技术能力和作为地区通信中心的地位；2019 年 5 月，华为向津巴布韦大学捐赠 1 台价值 9.8 万美元的基站设备，该设备将被用于该校通信专业的教学、实验和研究。此外，自 2015 年开始，华为在津巴布韦推行"未来种子"计划，每年送 10 名优秀学生赴华为深圳总部学习，已为津巴布韦培训了数十名优秀通信人才。

中国与津巴布韦在基础设施联通领域还开展了两个重大项目，一是维多利亚瀑布城国际机场改扩建项目，二是罗伯特·穆加贝国际机场改扩建项目。

维多利亚瀑布城国际机场改扩建项目由中国江苏国际经济合作集团有限公司（简称"中江国际"）承建，项目合同金额 1.5 亿美元。该项目在 2013 年开工，到 2015 年年底新建成并投入使用 2 万平方米国际航站楼、4 千米跑道和 10 万平方米停机坪，2016 年 11 月完成国内航站楼、机场老跑道的改造升级和相关配套设施的建设。改扩建之前，机场年旅客吞吐量仅为 50 万人次，改扩建后，年接待旅客量增加到 150 万人次。更为重要的是，长 4 千米、宽 60 米的跑道能够起降波音 747、空客 330 等大型客机，基于此，南非航空、肯尼亚航空和埃塞俄比亚航空等均开辟了前往维多利亚瀑布城的新的航线，这无疑进一步提升了维多利亚瀑布城对国际游客的接待能力。津巴布韦前总统穆加贝在2016年11月竣工仪式上表示，机场改扩建工程顺利完工，对津巴布韦而言是一个重要的里程碑，维多利亚瀑布城将有望成为南部非洲的区域旅游中心，希望未来能与更多中国企业合作，对哈拉雷、卡里巴等城市的机场进行改扩建和升级。

罗伯特·穆加贝国际机场改扩建项目也是由中江国际承建，项目合同金额为1.53亿美元，由中国进出口银行提供优惠贷款，宽限期为7年。该项目的主要施工任务为新建面积约3000平方米的贵宾航站楼、扩建3.5万平方米的新国际航站楼；维修现有跑道（改造跑道整个灯光系统，修复跑道中间1.6千米的部分）、停机坪和停车场；对机场通信、导航、灯光、监控和空管系统进行全方位升级；以及配套的市政供水供电工程；机场消防控制中心。中国进出口银行在2019年1月2日放款，项目在3月1日进入工期。项目总工期为3年，预计到2022年3月完成，前期因组织材料和机械等进场，进展相对缓慢，到笔者7月18日前往现场调研时，项目进度已有4个半月，只完成8%左右。但中江国际项目经理魏伟在调研中表示，后期会逐步加快项目进度。

该项目已被津巴布韦列为国家项目，预计项目完成后，机场年旅客吞吐量将从目前的 250 万人次增加到 600 万人次，成为南部非洲重要的航空枢纽之一。笔者在调研时还了解到，中江国际共雇用约 350 名当地人，预计到施工高峰期将有 800—1000 人。目前津巴布韦就业率很低，很多工人没有地方工作，这为解决当地的就业问题做出了一些贡献。此外，中方员工多为管理人员和工长，负责在质量和施工方法上培训和管理当地工人，这也相当于在做技术转移方面的工作。不过，该项目在施工中也遇到了一些困难。由于机场要实现不停航施工，白天飞机起降，跑道的维修工作只能在晚上做，且一周只有四天晚上能进行跑道维修，具体工作时间如下：星期一晚上 9 点到凌晨 3 点，星期二晚上 11 点到早上 7 点，星期三凌晨 1 点 45 分到早上 7 点，星期四凌晨 12 点到早上 7 点。这一方面考验了施工方的工作能力，另一方面也充分体现了两国之间的友好关系和中国为津巴布韦交通基础设施建设所做出的贡献。[①]

（三）稳步推进的贸易畅通

中国与津巴布韦之间的双边贸易额不断攀升，双

---

① 2019 年 7 月 18 日，笔者在哈拉雷对中江国际罗伯特·穆加贝国际机场项目经理魏伟的采访。

边贸易关系越来越紧密。自2012年起,两国贸易超过10亿美元,此后再未回落到10亿美元之下,其中在2015—2018年分别达到了13.04亿美元、11.14亿美元、13.15亿美元和13亿美元。中国在2015年成为津巴布韦的第四大贸易伙伴,此后一直保持津巴布韦主要贸易伙伴的地位。

近五年来,中津之间的贸易发展主要呈现以下几个特点。第一,双边贸易保持稳中有长。津巴布韦自2015年以来经济发展一直处于下行的态势,这无疑对其进出口贸易产生了较大的负面影响,在此情况下两国贸易额仍能保持稳中有长的态势,表明两国贸易关系正在越来越紧密。第二,贸易不平衡性仍然存在。自2015年以来,津巴布韦一直在两国贸易中处于顺差的地位,从2015年到2018年,津巴布韦的贸易盈余分别为2.18亿美元、3.39亿美元、4.28亿美元和4.45亿美元,呈不断增长的态势。津巴布韦在2018年的进口产品中,只有7.5%来自中国,而南非和新加坡的比例分别高达35.2%和19.4%。第三,贸易结构仍有待改善。中国从津巴布韦进口的商品主要为烟草和矿产品,其中在2017年共耗资4.497亿美元,以平均每公斤7.61美元的价格从津巴布韦进口了5910万公斤的烟叶,这也是中国对津贸易逆差的重要原因。津巴布韦主要从中国进口机电和高新技术产品，在津巴布韦当前经济发展缓慢的情况下，很难大幅度增加这些产品的进口量。第四，在津华商在双边贸易中发挥了积极的作用。自2000年以来，尤其是2009年之后，随着越来越多的中国人前往津巴布韦工作和生活，在津从事批发和零售的华商日益增多，截至目前，津全国各地已有约1000家华商开的店铺。这些店铺出售的商品绝大多数都从中国进口，所涵盖商品的种类从日常生活用品到大型机械产品，不一而足。就此而言，他们为中津两国贸易的稳步推进做出了一些贡献。

中国与津巴布韦之间的工程劳务合作在2013年猛增到9.85亿美元后，回落到2011年和2012年的水平，2013—2017年，中国对津巴布韦承包工程完成营业额分别为3.06亿美元、4.58亿美元、4.43亿美元和3.06亿美元。另据中国商务部的统计数据，2017年中国企业在津巴布韦新签承包工程合同40份，新签合同额14.82亿美元；累计派出各类劳务人员250人，年末在津巴布韦劳务人员749人；截至2017年年底，累计在津承揽工程120.31亿美元，完成营业额48.22亿美元。

中国与津巴布韦之间的工程劳务合作始于1984年中国甘肃国际经济技术合作总公司承建位于哈拉雷的国家体育馆，此后，中国成套设备进出口（集团）总公司、中国北方工业公司、江西国际经济技术合作公司和江苏国际经济技术合作集团公司等陆续进入津巴布韦开展大型工程承包项目。当前在津巴布韦较为活跃或承担有大型工程项目的企业主要包括：华陇建筑津巴布韦公司、中工国际工程股份有限公司、江西国际经济技术合作公司、安徽外经建设集团、川铁国际经济技术合作有限公司、山东泰开电力建设工程有限公司、中国电建集团核电工程公司、中国水电建设集团国际工程有限公司、中工国际工程股份有限公司、中国江苏国际经济合作集团有限公司和上海建工集团股份有限公司等。

2018年以来，中国企业在津巴布韦已经完成和正在开展的大型工程承包项目包括卡里巴南岸水电站扩机项目、万吉燃煤电站扩机项目和津巴布韦议会大厦项目。

卡里巴南岸水电站扩机项目由中国水电建设集团国际工程有限公司承建，项目合同金额3.54亿美元。该项目在2014年11月开工，任务为在原有6台机组的基础上新安装2台15万千瓦水轮发电机组，使卡里巴水电站总装机容量由75万千瓦提升至105万千瓦，这意味着两台机组全部并网发电后，卡里巴水电站发电量将增加40%。两台机组按期于2017年12月和2018年2月建成并投入试运行，2018年3月正式投产发电，目前运行顺利并已并网发电。①

万吉燃煤电站扩机项目也是由中国水电建设集团国际工程有限公司承建，该项目在2018年6月开工，预计总工期为42个月，项目总金额近15亿美元，其中中国进出口银行向津方提供近10亿美元的优惠贷款。这是中资企业目前在津巴布韦的最大火电项目，也是津巴布韦独立以来最大的能源基础设施建设项目。根据计划，万吉燃煤电站扩机项目将在原电站基础上新建两台单机容量33.5万千瓦的燃煤机组，相当于为原电站增加约67万千瓦的发电能力，将极大缓解津巴布韦用电短缺的状况，而先进的技术也将帮助津巴布韦减轻环保压力。②

津巴布韦议会大厦项目由上海建工集团股份有限公司承建，项目合同金额1亿美元，是中国政府在南部非洲最大的援助项目，也是中国对非洲单一国家援助的最大项目。该项目位于津巴布韦首都哈拉雷以西20千米的汉普登山，是哈拉雷正在规划建设新城区的首个项目。该项目为集办公和议会会议为一体的综合性工程，建筑面积3.3万平方米，主体工程为6层的

---

① 《津巴布韦总统出席卡里巴南岸水电站扩容项目竣工仪式》，2018年4月1日，http：//www.chinaembassy.org.zw/chn/xwdt/t1547146.htm。

② 《由中方融资承建的万吉火电站扩容项目顺利开工》，2018年7月4日，http：//www.chinaembassy.org.zw/chn/xwdt/t1573937.htm。

议会大厦，大厦内设众议院和参议院两个议会厅，每个议会厅可容纳350名议员。该项目在2018年9月开工，总工期为32个月，开工后用4个月的时间修建从山底通往山顶的公路，在山顶平场地并回填18万立方米的土方。2019年1月28日开始基础施工，到笔者7月20日前去现场调研时，结构施工已完成40%，6层高的主楼有一半已经施工到3层，预计到2019年年底可完成整个结构施工，2020年年底基本完成大面的装修施工和内部设施铺设，到2021年3月27日竣工。①

（四）不断深化的资金融通

随着中津关系的不断深入，中国对津投资也不断增加，2011—2016年，中国对津巴布韦的投资流量分别为4.4亿美元、2.87亿美元、5.18亿美元、1.11亿美元、4675万美元和4296万美元。中国在2015年成为津巴布韦的第一大投资来源国，当年投资存量达到17.99亿美元，到2016年投资存量达到18.39亿美元。根据联合国贸发会议发布的《2018年世界投资报告》，截至2017年年底，津巴布韦吸收外来投资的存量为46.28亿美元，中国投资占津巴布韦外来投资的份额和对津巴布韦经济发展的重要性，由此可见一斑。

---

① 2019年7月20日，笔者在哈拉雷对上海建工集团股份有限公司津巴布韦议会大厦项目负责人蔡力波的采访。

中国对津投资涉及农业、矿业、制造业、服务业等行业。笔者自 2014 年以来多次前往津巴布韦实地调研，通过这些调研，笔者认为中资企业投资津巴布韦有两个较为成功的案例，一是中国烟草总公司投资建立的天泽烟草有限责任公司，该公司自 2005 年建立以来，已经发展成为津巴布韦烟草最大的买家之一并为津巴布韦烟草产业的迅速恢复做出了重要贡献；二是四川荥经一名特种合金有限公司等公司在津巴布韦中部省奎鲁市从事的铬铁产业投资。因篇幅所限，本报告对第二个案例进行简单介绍。

中资企业进入津巴布韦铬铁产业始于 2007 年中钢集团收购津最大的铬铁企业津巴布韦矿业冶炼有限公司（Zimasco）。此后，不少在津巴布韦对铬铁产业有所了解的民营企业也开始加入这一行列，至 2011 年，北京泰利、中津矿业、Zol 矿业和新宇矿业等采矿和冶炼企业陆续在津投资并投产。2012 年 10 月，四川一名投资集团旗下四川荥经一名特种合金有限公司收购当时已停产的津安公司，并于当年 11 月投产。此后五年间，受国际市场铬铁价格大幅下跌、津巴布韦屡次限制铬铁原矿出口和电价上涨等因素的影响，在津从事铬铁产业的中资企业历经起起落落，逐步集中到奎鲁市及其周边地区，并形成以津安公司为龙头，包括威尔矿业、新宇矿业、纳尔逊矿业和津宜公司等 27 家企业在内的联合体，打造出以铬铁采矿、选矿、冶炼和矿渣回收利用为主体，兼有制氧、轮胎翻新、焦炭和物流等相配的完整的产业一体化体系，初步具备了良好的盈利与扩张能力。到2017年12月，这些企业每月可生产并出口铬铁约1万吨，其中约80%被出口到中国。在2019年7月接受采访时，津安公司总经理周学恭告诉笔者，中资铬铁冶炼厂在奎鲁当地共雇用了约3000名工人，其上下游产业可间接解决就业近七八万人，铬铁出口每年赚取的外汇，可达1亿美元左右。[①]

中国与津巴布韦签署"一带一路"合作文件后，中资企业已在津巴布韦开展了多项投资活动。在这些项目中，投资金额最大的是中国青山控股集团拟建立的不锈钢厂。2018年6月，青山控股集团与津巴布韦政府签署价值10亿美元的钢铁厂项目投资的谅解备忘录，该钢铁厂将设在中部省，建成以后每年钢产量预计为200万吨。10月，青山控股集团获得津巴布韦东马绍纳兰省的奇武地区矿山的铁矿开采权，以便在当地投资建立不锈钢厂。2019年4月，青山控股集团与津巴布韦政府达成协议，拟在未来几年建立一座年产200万吨的不锈钢厂，不锈钢厂建设将分为两个阶段，

[①] 2019年7月17日，笔者在哈拉雷对津安公司总经理周学恭的采访。

第一阶段年产量达到 100 万吨，第二阶段达到 200 万吨。项目一期投入为 20 亿美元，整个项目总投入可能高达 100 亿美元。①

除此之外还有另外两项规模较大的投资。一是洛阳国邦陶瓷在津巴布韦投资兴建的当地首个建筑陶瓷厂——阳光易丰陶瓷（津巴布韦）有限公司。该陶瓷厂在 2018 年 10 月破土动工，计划投资 1.2 亿美元，建成后将具备年产 1200 万平方米的高档墙壁砖的生产能力，产品除在津巴布韦销售外，还将出口到南非、莫桑比克、赞比亚、博茨瓦纳和马拉维等周边国家，解决该地区目前建筑装饰材料品种少、价格高的问题。2019 年 5 月，该陶瓷厂已顺利建成投产。② 二是华津砖业在奎鲁市投资建立的制砖厂，该制砖厂投资额约为 1000 万美元，将采用现代化生产工艺，量产后每年可生产 6000 万块高强度建筑用砖，从而取代津巴布韦目前的进口建筑用砖。2019 年 5 月，该制砖厂正式投入运营。③

---

① 《津巴布韦与青山钢铁签订数十亿美元的采矿协议》，2019 年 4 月 25 日，https://xianhuo.hexun.com/2019-04-25/196954791.html。
② 高俊雅、朱婉玲：《中企在津巴布韦投资建设陶瓷厂 提升当地生产高档瓷器能力》，2019 年 10 月 23 日，http://news.cri.cn/20181023/21b45dfc-7f00-6ab8-ba37-a0e8f145a091.html。
③ 《郭少春大使出席华津砖业工厂开业庆典》，2019 年 5 月 30 日，http://zw.china-embassy.org/chn/xwdt/t1668014.htm。

(五) 全面推进的民心相通

中国与津巴布韦之间在教育、文化、新闻和旅游等领域开展了各种形式的交流与合作，这为推动两国之间的民心相通做出了重大贡献。

第一，教育科技领域合作稳步推进。中国与津巴布韦在1993年2月签署了《中华人民共和国政府和津巴布韦共和国政府高等教育合作议定书》。从1980年到2010年，津巴布韦在华留学和培训的留学生总数为238323名，2014年全年在华津巴布韦留学生总数为1429名。2011年，由中国援建的中国—津巴布韦哈拉雷友谊学校和宾杜拉小学正式交付津巴布韦使用。[①]

中国与津巴布韦在教育领域最为重要的合作，是中国人民大学与津巴布韦大学联合成立的孔子学院。津巴布韦大学孔子学院隶属津大文学院外国语言和文学系，2007年3月正式开课，经过十多年的努力，汉语课程已纳入津大学分体系，中文已为津大正式课程。2017年，津大孔子学院共为文学院一至三年级及商学院、社会学院一年级的447名学生开设每周12课时的汉语语言和中文文化课程。津大孔子学院还在摩根师范学院、罗斯福女子中学、丘吉尔男子中学、米德兰

[①] 《浅谈中国与津巴布韦的教育交流与合作》，https://wenku.baidu.com/view/f457c7c3fc0a79563c1ec5da50e2524de418d05d.html。

基督学院、亚历山大公园小学、奇诺依科技大学、津巴布韦音乐学院、第一夫人学校和盖特威中学9所院校设立了教学点，每年接受汉语学习的学生约有1000名。津大孔子学院每年还会遴选一些优秀师生前往中国学习和参访，2019年共有19名学员前往中国多所学校深造。[①] 此外，中国政府每年也会为津巴布韦留学生提供政府奖学金名额，2018年和2019年分别有29名和37名奖学金获得者前往中国的北京、南京、西安和武汉等地的高校学习深造。

中津两国科技领域合作也方兴未艾。2019年9月5日，中科院中非联合研究中心与津巴布韦公园与野生生物管理局签署生物多样性保护合作协议。根据协议，中津双方未来将就津巴布韦自然保护区管理、野生动植物保护和利用展开深入合作研究。协议签署后，中国科学院代表团向津农业部移交了津巴布韦全国尺度10米分辨率高精度耕地分布数据产品，包括栅格数据和国家、省、区三级面积统计数据，这一利用最新技术准确获取的耕地数据，将为津农业规划、农情监测提供大力支持，帮助津更好地应对气候变化，促进农业资源和水资源的合理开发利用，助推国家可持续发展目标的实现。此外，中国科学院上海高等研究院

[①] 2019年7月14日，笔者在哈拉雷对津巴布韦大学孔子学院中方院长吴波的采访。

还向津巴布韦捐赠了中方研发的"全天候综合反盗猎系统",帮助津方提高反盗猎执法能力。①

第二,文化与新闻领域合作日益紧密。中国与津巴布韦在1981年签署《中华人民共和国政府和津巴布韦共和国政府文化协定》,根据协定,两国每四年签署一次执行计划,目前正处于《中津政府文化合作协定2018—2021年执行计划》的实施阶段。在两国文化合作协定的推动下,两国文化交流日益频繁,仅2019年,中国政府便在津巴布韦开展了多项文化交流活动,其中包括由国务院侨务办公室、中国驻津巴布韦使馆和四川省人民政府主办,四川省侨务办公室和四川省海外交流协会承办的"中华川菜·世界品味"走进津巴布韦系列活动;由中国文化部和旅游部、中国驻津巴布韦大使馆主办,中国文化部和旅游部国际交流与合作局、南京市文化和旅游局、驻津巴布韦中资企业商会联合承办的"魅力南京"文艺演出;由津巴布韦文化部指导,津巴布韦国家艺术中心、非中文化交流协会和清华大学美术学院联合主办,得到中国和非洲多国驻津使馆及非中文化交流基金支持的第二届非中艺术交流展暨非中文化交流高峰论坛;以及由中国驻

---

① 张玉亮:《中国向津巴布韦捐赠反盗猎监控系统》,新华网,2019年9月5日,http://www.xinhuanet.com//2019-09/05/c_1124965933.htm。

津使馆和陕西高校音乐教育联盟联合主办的"一带一路中非文化音乐会"等。2016年以来,由津巴布韦"梦想秀"获奖选手组成的"津巴布韦班图艺术团"也应中国文化部邀请,先后前往成都、天津、南京、兰州和北京等地进行了巡回演出。①

在新闻领域,中国的新华社、中央电视台和国际广播电视台等在津巴布韦设有记者站,中国驻津大使馆和侨团均与当地主流媒体保持了较为友好和密切的关系,中国驻津大使和参赞经常会接受津主流媒体采访或发表署名文章。2019年8月17日,由中非经济文化交流研究中心、津巴布韦国家记者协会和津巴布韦紫薇花文化传媒联合主办的"2019中津记者奖"在哈拉雷举行启动仪式,该奖项是为了奖励那些为宣传报道中津合作交流做出突出贡献的记者而设立,每年颁奖一次。中非经济文化交流研究中心主席赵科先生表示:"希望通过'中津记者奖'这一平台的设置,能为所有在津巴布韦的记者朋友们提供一个更直接了解中国与在津华人的平台,以期达到信息通互、及时准确报道的作用,弘扬中津合作的正能量。中津合作发展不容抹黑!中津人民的友谊不容玷污!"②

---

① 引自津巴布韦紫薇花文化传媒公司总裁赵科在2019年5月6日提供的《"梦想秀"简介》。

② 阳光河:《"2019中津记者奖"启动仪式在哈拉雷举行》,《津巴布韦时报》微信公共平台,2019年8月18日。

第三，大力开展各项对津援助工作。对津巴布韦进行援助也是两国民心相通工程的重要组成部分。正在建设中的议会大厦是中国对津巴布韦最大的援助项目。中国自2009年开始向津巴布韦派遣农业技术专家，目前第三期共10名高级农业专家正在津巴布韦开展相关农业援助活动，所涉专业分别为农作物种植、畜牧、兽医、园艺、水产和农机等。中国持续向津巴布韦派遣医疗队，目前为2019年7月前往津巴布韦的第17批医疗队。第16批医疗队在津一年期间，共参与查房7250余人次，完成手术316台次，先后前往卡里巴、奎鲁、穆塔雷和哈拉雷等地为当地民众义诊治病，并在2019年哈拉雷爆发疟疾和2019年遭受伊代飓风侵袭津巴布韦东部地区期间，配合当地开展防疫救灾活动。① 中国政府还向津巴布韦提供了其他各种类型的援助，如2019年5月7日在哈拉雷市帕瑞仁雅塔医院启动中国援助津巴布韦"妇幼健康"创新工程宫颈癌预防和设备捐赠第三期项目，同月21日向津巴布韦捐赠价值近100万元人民币的农业设备物资等。

第四，旅游和友好城市建设进展顺利。津巴布韦是中国公民出境旅游的目的地国，从2018年7月1日

---

① 驻津巴布韦使馆经商处：《不忘初心 薪火相传 中国援津巴布韦第16批和第17批医疗队顺利交接》，2019年7月5日，http://zimbabwe.mofcom.gov.cn/article/jmxw/201907/20190702880374.shtml。

起，津巴布韦给予中国赴津游客落地签待遇。近年来，中国前往津巴布韦旅游的游客稳步上升，2015—2018年，分别为6925人、9164人、14407人、19428人。然而，根据中国旅游研究院等发布的"中非旅游数据报告2018"，2017年中国共有79.78万人前往非洲旅游，[①] 津巴布韦只占非常小的份额，与埃及、毛里求斯、南非和突尼斯等国相比还有很大的差距。津巴布韦拥有维多利亚瀑布、赞比西河、大津巴布韦遗址等著名旅游胜地，两国之间的旅游合作还有较大的提升空间。

中国与津巴布韦之间的城市外交也取得了新的进展。2004—2012年，中国与津巴布韦共结成了4对友好省市，分别为甘肃省和西马绍纳兰省（2004年10月22日）、河北省和西马绍纳兰省（2010年5月14日）、江西省新余市和穆塔雷市（2010年9月21日）、广州市和哈拉雷市（2012年9月3日）。2019年，两国之间又结成了两对友好城市，分别为山西省临汾市与维多利亚瀑布城（2019年7月9日）和浙江省东阳市与西马绍纳兰省奇诺伊市（2019年7月23日）。

---

① 《2018中国公民非洲旅游报告，旅游正成为中非人文交流的排头兵》，2018年9月5日，http：//www.sohu.com/a/251972837_100014700。

第四章　民间交往助推中津友好关系发展

李安山在《中非合作的基础：民间交往的历史、成就与特点》一文中指出，民间交往是中非合作的重要基础。中非民间交往有很长的历史，从19世纪晚期一直持续至今。中非民间交往呈现3种形式，分别为中非合作论坛框架下的民间交流、中非之间个体的社会文化交往和民间组织的相关活动。民间交往可为中非之间建立良好关系打下基础。[①] 中国与津巴布韦的民间交往也由来已久，最早可追溯到19世纪末中国劳工移民与津巴布韦当地人之间的交往。当前中国与津巴布韦民间交往的形式，与李安山所总结的中非民间交往的形式也大致相同。更为重要的是，中津之间的民间交往，也为两国之间的友好关系做出了重要的贡献。

---

① 李安山：《中非合作的基础：民间交往的历史、成就与特点》，《西亚非洲》2015年第3期。

本报告在第三章中阐述中津民心相通工程时,对两国之间的民间交流,尤其是中非合作论坛框架下的民间交流进行了简单的涉及。在本部分,笔者拟对个人之间的社会文化交往和民间组织的活动进行介绍与分析,且这两项交往活动所涉及的主体,为在津华侨华人和华人社团。

一 津巴布韦华侨华人概况

前文指出,中国移民最早在19世纪末前往津巴布韦,曾在20世纪五六十年代有3000人左右的规模,但20世纪70年代之后,老一代华人逐步离开津巴布韦,目前已经不足100人。当前活跃在津巴布韦,且对两国关系具有一定影响的侨民,主要为新一代华侨华人。

新一代华侨华人,或曰中国新移民进入津巴布韦始于1980年津巴布韦独立并与中国建交后。从1984年开始,中国甘肃国际经济技术合作总公司、中国成套设备进出口(集团)总公司、中国北方工业公司和江西国际经济技术合作公司等企业为承担援津大型项目而向津巴布韦派遣了大量翻译和技术人员,项目完成后,他们当中有少部分人留了下来,如津巴布韦华商总会第一任会长李加琦等。留下来之后,他们在当地开办了一些批发、零售店，或建立了一些工厂。随后，他们的家人、亲戚和朋友在看到津巴布韦的商机之后，也动身前往，中国新一代华侨华人群体由此逐渐形成。但从规模上来看，这一群体的发展最初比较缓慢，直到2000年仍仅为500人左右。①

2000年之后，随着中国加大对非"走出去"的步伐，津巴布韦实施以中国为主要目标的"向东看"政策，以及中津关系的持续友好发展，中国人开始大量涌入津巴布韦，很快便在2005年达到约1万人。② 此后，在津华侨华人的数量一直在1万人左右徘徊：在2009—2013年经济情况较好时，可达1.5万人，2014年之后经济下滑，人数也随之下降到6000人左右。③ 2017年11月政治剧变之后，随着津巴布韦国内政治局势趋稳和投资环境趋于改善，在津华侨华人的数量又有所上涨，据估计目前有1万—1.5万人。

华侨华人在津巴布韦主要居住在哈拉雷、布拉瓦约、奎鲁、穆塔雷、奇诺伊、奎奎和卡多马等大中型

---

① 国务院侨办侨务干部学校编：《华侨华人概述》，九州出版社2005年版，第234页。

② Giles Mohan & Dinar Kale, *The Invisible Hand of South-South Globalization: Chinese Migrants in Africa*, A Report for the Rockefeller Foundation prepared by The Development Policy and Practice Department, The Open University, Milton Keynes, MK7 6AA, UK, 2007, p. 3.

③ 沈晓雷：《试析中国新移民融入津巴布韦的困境》，《国际政治研究》2015年第5期。

和采矿业比较发达的城市,其中尤以首都哈拉雷最多,可占到总人数的60%以上。从来源地来看,他们主要来源于辽宁、黑龙江、甘肃、陕西、山西、江苏、浙江和山东等省,其中来自辽宁省鞍山市的人数量最多。从类型看,他们主要包括以下几种:一是投资办厂的中小型私营企业主,所涉行业包括服装、制鞋、建筑材料、化工、食品加工和采矿业等;二是从事餐饮、娱乐、旅游和批发零售的个体老板;三是私营企业家和个体老板所雇用的中方员工,以及中国国有企业派驻津巴布韦的中方雇员,后者在合同结束后,会有少量留在当地创业。

随着人数的不断增长和在当地社会经济活动的不断深入,津巴布韦华侨华人也建立了自己的侨团组织。从当前来看,最为重要的华侨社团一共有三个,分别为津巴布韦华商联合总会(简称"华商会")、津巴布韦华人华侨联合总会(简称"华联会")和中华北方同乡会(简称"北方同乡会")。华商会在2004年10月3日成立,成员主要为在津巴布韦从事批发零售业的华商,成立后已选举产生六届理事会和三任会长,分别为李加琦、郭法新和李新峰。华联会2014年3月31日成立,以促进中津两国经贸合作,维护在津华人华侨权益为宗旨,会长为丛玉玲女士。北方同乡会在2010年9月19日成立,首任会长为丛玉玲,现任会长为罗跃胜。他们还建立了自己的媒体，其中影响最大的为华商会创办的津巴布韦华人网微信公共平台和津巴布韦中非经济文化交流研究中心主席赵科创办的《津巴布韦时报》微信公共平台。

近年来，为加强与当地人之间的联系，改善自身形象，积极融入当地社会并实现在当地的可持续性发展，津巴布韦华侨华人和华侨社团有意识地采取了一系列举措，其中包括举办"梦想秀"，成立爱心妈妈组织捐助孤儿，以及从事野生动物保护等。这些活动在推动华侨华人融入当地社会的同时，也为中津友好关系的发展做出了重要的贡献。

二 "梦想秀"搭建中津文化交流平台

"梦想秀"是由中非经济文化交流中心和津巴布韦紫薇花文化传媒公司联合主办、面向全津巴布韦青年的大型公益性文化活动。该活动以"融入当地社会，开展民间外交"为宗旨，从2014年举办第一届开始，至2019年已连续举办六届，目前已经成为津巴布韦草根一族展示才艺、实现艺术梦想的重要舞台，成为推动中津文化交流的重要平台。

（一）津巴布韦草根艺术家追逐梦想的舞台

"梦想秀"的创办者赵科在津巴布韦新一代华侨华

人当中绝对是一个名人。他在1996年前往津巴布韦，二十多年来，他曾开过饭店，在津恶性通货膨胀时期从事过货币汇兑，现主要从事旅游业和文化相关产业。他曾积极投身于侨团工作，先后担任过华商会和华联会的常务副会长。现在他仍然身兼数职，如津巴布韦狂野旅行社总经理、中非经济文化交流研究中心主席和津巴布韦紫薇花文化传媒董事长等。

2014年，一直对文化事业情有独钟的赵科决定创办一个选秀节目，当时定名为"达人秀"。经过几个月的筹备，"达人秀"活动在当年7月启动。很快，便有1000多人报名参加，参赛节目有400多个，这完全超出了赵科的预料。更重要的是，绝大多数参赛者都来自津巴布韦社会底层，有的家庭甚至都不能保证一日三餐，于是活动组委会为他们提供了交通补助、置装费和免费食品。这届"达人秀"从海选、初赛到最终决赛，一共历时3个多月。决赛于10月17日在哈拉雷阿旺戴尔的第七剧场举行，共有包括声乐、舞蹈、魔术、特技等18个节目参加，年龄仅21岁的迪维恩凭借民谣弹唱获得总冠军。

2015年7月，第二届选秀活动拉开帷幕，因版权的问题，活动名称从"达人秀"改为"梦想秀"，并一直沿用至今。赵科还在这一年成立了津巴布韦紫薇花文化传媒，专门从事"梦想秀"相关活动。从第二届"梦想秀"开始，海选范围从哈拉雷扩展到了布拉瓦约、奎鲁、奎奎和穆塔雷等大城市。第二届"梦想秀"共有2500多人参加，8月16日，100组选手在哈拉雷和布拉瓦约举行的片区半决赛中决出了前20强。10月31日，第二届"梦想秀"决赛再次在哈拉雷阿旺戴尔的第七剧场举行，口技演员丹泽·马绍马尼卡获得冠军并捧走5000美元奖金，无伴奏合唱团"灵魂寻找者"和独唱歌手恩亚沙分别摘走二、三等奖，获得3000美元和1000美元的奖金。除了前三甲，其他前十强选手都获得了500美元的奖金。

第三届"梦想秀"于2016年8月开始，共有3500多人参加，共有14组选手参加了当年12月17日举办的决赛，口技选手塔法拉获得冠军，乐队组合Those Guys Vacho和歌手普林斯分获亚军和季军。2017年、2018年和2019年，第四届、第五届和第六届"梦想秀"均如期举行，每届参加海选的选手均超过3000人，三届冠军分别为乐队组合"脚印"、歌手迪亚里和蒙娜丽莎，蒙娜丽莎也是"梦想秀"举办以来第一位获奖的女选手。

"梦想秀"自2014年以来已连续举办六届，每年都会有大批选手参加海选，迄今总人数已有2万多人。"梦想秀"不仅为这些选手提供了一个展示才艺的平台，更为他们提供了一个追逐梦想的舞台。谈及创办选秀活动的初衷,赵科在一次采访中表示:"津巴布韦是个艺术之国,音乐、美术、石雕都是很好的东西,但是缺少打造艺术的平台。我们想用中国人的视野和理念帮他们打造这个平台,通过梦想秀这个舞台让他们快速成为闪亮的明星,并形成一个示范效应,鼓舞一代年轻人追逐他们的梦想。"[①] 赵科无疑实现了他的初衷。

(二) 中津文化交流的桥梁

在第二届"梦想秀"举办的过程中,赵科收到了中国文化部发出的邀其前往中国演出的邀请。为了圆满完成演出任务,他将第一届的获奖选手和第二届片区半决赛的前20强组织在一起,成立了由30个人组成的津巴布韦班图艺术团并对他们进行了集训。2015年9月8—20日,赵科带领津巴布韦班图艺术团第一次前往中国演出。他们参加在成都举办的第五届世界非物质文化遗产节,在成都市文化艺术学校、河北工业大学、北京樱花园实验学校和国家大剧院进行了巡演。

第五届世界非物质文化遗产节共选出了13个国家的艺术团参加开幕表演,津巴布韦班图艺术团为其中

---

① 刘畅:《撒哈拉之南:女记者的非洲视界》,社会科学文献出版社2018年版,第318页。

之一。艺术团的演员们虽是第一次出国演出，但他们始终以高昂的情绪完美演绎了融合非洲传统与现代风情的节目，成了国内外演出团体中的一道亮丽风景。因为表演精彩和出色，除开幕式外，他们在"遗产节"上又多次进行了表演，且每次表演都要从一二十分钟被要求加演到三四十分钟。在国家大剧院的演出中，他们以非洲原生态的舞蹈和歌谣，让观众感受了非洲的脉搏，领略了非洲的魅力。在各个学校的演出中，他们与中国师生同台献艺，不但进行了艺术交流，更增进了两国青年之间的友谊。津巴布韦知名主持人、艺术团随团记者麦克斯就此表示，非常高兴看到两国青年有这样一个交流与分享的机会，共同推动传统艺术的现代传承。成都市文化艺术学校校长张晓俊也对记者说，成都与非洲的文化交流由来已久，非洲艺术团来华交流也很受该校学生欢迎，为他们提供了不出国门接触异域艺术的机会。[①]

2015 年之后，津巴布韦班图艺术团又先后多次应邀前往中国，其中 2017 年 11 月应邀参加第十七届南京文化艺术节，并先后在南京理工大学、南京晓庄学院和北京天桥艺术中心等地进行了多场演出；2018 年 7 月应邀参加第六届兰州国际鼓文化艺术周暨第七届

[①] 陈璐：《津巴布韦青年的"中国梦想秀"》，2015 年 10 月 15 日，http://wenhua.youth.cn/xwjj/201510/t20151015_7210228.htm。

兰州国际民间艺术周。艺术团在中国的演出不但收获了观众的掌声，甚至还有一些选手在演出途中被当地演艺公司看中并签约。赵科曾在 2018 年的一次采访中表示："我们在成都演出的时候，就有几个小孩跟当地娱乐公司签约。我们先后有二十六七个小孩去中国，有的就是半年，现在我们还有十多个小孩在中国。"[①]与中国演艺公司签约之外，还有 8 名获奖选手获得中国政府的全额奖学金前往中国求学。可以预见，他们未来都将成为中津文化交流的重要纽带。

到目前为止，津巴布韦紫薇花文化传媒已经与 30 多名获奖选手签约，这些签约艺人除了参加当地的商业演出外，还会在公司的组织下参加中国驻津大使馆和在津侨团组织的各项演出活动。2019 年 2 月 17 日，中国驻津巴布韦大使馆、津中资企业商会、华商会和华联会等在哈拉雷第七剧场联合主办了主题为"团圆"的华侨华人春节联欢晚会，津巴布韦紫薇花文化传媒承办了这场晚会。晚会共分"不忘初心""好运来"和"团圆"三个篇章，"梦想秀"演出团表演了舞蹈"勇士出征"和杂技"动感地带"，演唱了歌曲《不忘初心》《夜空中最亮的星》《雪落下的声音》《贝加尔湖畔》等，赢得现场观众热烈的掌声。9 月 21

[①]《在津巴布韦办选秀：一场相互改变的碰撞》，2018 年 9 月 29 日，https://www.guancha.cn/internation/2018_09_29_473813_2.shtml。

日,中国驻津巴布韦大使馆主办庆祝中华人民共和国成立70周年文艺演出,"梦想秀"演出团和在津侨团与中资企业热爱文艺的同胞联手奉上了一场精彩的演出。演出分为"非洲大陆""中非友谊"和"放飞梦想"三个篇章,演员们通过非洲土风舞,杂技和时装表演,歌曲《映山红》《社会主义好》《学习雷锋好榜样》《不忘初心》等展现了新中国发展历程和伟大建设成就,中津友谊和务实合作的丰硕成果。

(三) 中津各界的支持与称赞

"梦想秀"的成功,除了赵科及津巴布韦紫薇花文化传媒的努力外,也与中国政府、华人企业和企业家的支持密不可分。赵科曾在采访中说:"中间我们也徘徊过,2016年差点就做不下去了。2016年是津巴经济最紧张的一年,所有人都没钱,我们华人也没钱。然后一算又得花10万、20万美金,对谁都是一笔大数额,我们这几个承办人就想退了。后来还是中国大使馆找我们谈,津巴布韦政府也表示了支持,最后我们还是扛了下来。"[①]

中国驻津巴布韦大使馆非常重视"梦想秀"活动,前任驻津巴布韦大使林琳、黄屏,现任大使郭少春和

---

① 《在津巴布韦办选秀:一场相互改变的碰撞》,2018年9月29日,https://www.guancha.cn/internation/2018_09_29_473813_2.shtml。

参赞赵宝钢均给了"梦想秀"很多指导，并尽可能地让"梦想秀"剧团参加使馆组织的文化艺术活动，以提高其知名度。"梦想秀"艺术团赴中国演出，也是中国大使馆一手促成的，且得到了中国文化部，南京、兰州等地文化宣传部门方方面面的支持。华人企业和企业家也是"梦想秀"的重要支持者。ZLG 纯净水公司和四川一名微晶科技有限公司分别冠名赞助了前两届"梦想秀"活动，这两家公司的老总杨兴华、周学恭，以及前华联会第一届主席团成员丛玉玲、宋黎、姜晖、王建红、过永伟和罗跃胜等，均为"梦想秀"的创办与发展做出了重要的贡献。

自 2014 年举办以来，"梦想秀"还获得中津各界的广泛称赞。习近平主席在 2015 年 12 月访问津巴布韦期间，表扬了"梦想秀"活动在"中国梦"助力"非洲梦"方面取得的成绩，赞誉了这一活动在中津民间交流取得的新成就。在 2018 年 11 月 15 日举行的第五届"梦想秀"总决赛上，津巴布韦内政部部长马瑟马在致辞中高度评价了"梦想秀"在促进中津人文交流合作方面发挥的重要作用，他表示，"梦想秀"为中津多元文化交融发展提供了很好的平台，津巴布韦青年应继续在中津两国文化交流中扮演积极的角色，进一步巩固发展两国关系。中国驻津巴布韦大使馆临时代办赵宝钢也在致辞中表示，五年来，"梦想秀"成长迅速，选秀范围已基本覆盖津巴布韦全国,参赛选手越来越多,影响力逐步提升,中国驻津大使馆将继续支持"梦想秀"发展,为"梦想秀"优胜选手提供奖学金和赴华交流演出的机会,进一步弘扬中津友谊、促进两国文化交流。[①]

在2019年8月31日晚举行的第六届"梦想秀"总决赛上,中国驻津巴布韦大使郭少春表示,人文领域的交流合作是中津两国深化双边各领域合作的重要方面,"梦想秀"是两国在文化领域合作的典型代表项目,多年来为很多津巴布韦年轻人提供了一个展示才艺、实现梦想的舞台,迄今为止已经为将近200名当地年轻人提供了前往中国进行文化巡演的机会,中国驻津大使馆将继续与津方合作,共同为增进中津两国人民友谊、促进两国人民民心相通做出积极贡献。津巴布韦新闻部部长莫妮卡·穆茨万格瓦也对"梦想秀"进行了高度评价,称它为津巴布韦年轻人提供了良好的发展机遇,感谢中方对津方文化产业发展提供了无私帮助与支持。她还号召津巴布韦青年继续推动中津两国文化交流,进一步巩固发展两国关系。[②]

[①] 高俊雅、朱宛玲:《第五届"梦想秀"决赛落幕》,2018年10月15日,http://news.cri.cn/20181015/26f27d62-1d43-3ec4-2b06-d03cc9822211.html。

[②] 高俊雅、李修莉:《2019年津巴布韦"梦想秀"决赛举行》,2019年9月1日,http://news.cri.cn/20190901/856682ba-b44e-3c76-ac16-14b413aa473d.html。

三 "爱心妈妈"树立华人正面形象[①]

2015年11月30日，习近平主席在津巴布韦《先驱报》发表署名文章《让中津友谊绽放出更加绚丽的芳华》，文中写道："据我了解，旅居津巴布韦的华侨中间有一个名为'非爱不可'（Love of Africa）的妈妈团体……多年如一日给当地孤儿送去关爱和温暖，用实际行动书写着中津友好的'现在时'，也培育着中津友好的'将来时'。"[②] 习近平提到的"非爱不可"爱心妈妈组织（简称"爱心妈妈"）成立于2014年4月，隶属于华商会，是由津巴布韦华人成立的一个以资助孤儿院和救助孤儿为宗旨的慈善组织。该组织的名称"非爱不可"一语双关，一是必须要爱，二是非洲之爱。自成立以来，"爱心妈妈"通过自己的实际行动，不但树立了在津华侨华人的正面形象，而且为书写和培育中津友好关系做出了贡献。

（一）资助孤儿院

据津巴布韦慈善基金会负责人介绍，津巴布韦大

[①] 本部分内容主要引自刘畅所著《撒哈拉之南：中国女记者的非洲视界》一书第300—316页内容和华商会常务副会长李曼娟提供的相关资料。

[②] "Statement by Chinese President Xi Jinping: Let the Sino-Zim Flower Bloom with New Splendor", *The Herald*, November 30, 2015.

约有180万孤儿，占全国人口的近10%。这些孤儿有的是被父母抛弃，有的是父母双亡，还有的是父母被关进了监狱。这些孤儿大部分无依无靠，流浪街头，很少一部分被社会福利局收留，然后被分到各地的孤儿院。然而，孤儿院的资金大多数来自社会捐助，在近年来津巴布韦经济发展不佳的情况下，社会捐助资金无法满足孤儿院的正常运转，孤儿们缺衣少食，无法接受教育的现象时有发生。

"爱心妈妈"便是在这种情况下应运而生。"爱心妈妈"的创始人名叫彭艳，1997年跟随先生前往津巴布韦。最初的时候，她只是一个人前往孤儿院，为孤儿们送去食品、图书、生活用品，做一些力所能及的事情。随着次数越来越多，她逐渐感到一个人的力量太小，无法为孤儿院提供更多的帮助，于是她开始寻找志同道合的人，大家聚在一起，一拍即合，很快便在2014年4月成立"爱心妈妈"。成立之初，"爱心妈妈"的成员有20多位女性，后来不断有人加入，目前成员已近100人。除了彭艳之外，其他较为活跃的成员还有李曼娟、吕洪、张晖、蒋珊、李雅丽、韩春华、香静怡、梁思琪、胡建萍、陈沁和王玫等。

"爱心妈妈"筹款的方式主要为个人捐助、企业捐助和举办义卖活动，如2015年情人节，"爱心妈妈"成员在哈拉雷庆典中心举行义卖，销售的物品包括爱心T恤衫、饮水用和玫瑰花等，她们在义卖时明确表示销售款项将用于资助当地的孤儿院，当天共筹集了近4000美元的善款；2017年11月，"爱心妈妈"与天泽烟草公司携手，义卖小食品和饮料等物品，共筹集了1800多美元善款。"爱心妈妈"对孤儿院的资助，主要包括以下几个方面：一是购买食品、生活用品（如尿不湿、湿纸巾等）、学习用品和娱乐设施；二是修葺校舍；三是资助孤儿学费；四是救助患病儿童，如身患眼疾的丽兹和颌骨损坏的弗雷德里克等。自2014年成立至今，接受"爱心妈妈"资助的孤儿院已有几十家，其中有的在哈拉雷，有的在距哈拉雷上百千米的奇诺伊、宾杜拉和卡诺伊等地。另外，"爱心妈妈"还为100多名孤儿提供了学费资助。

华商会常务副会长李曼娟向笔者提供了"爱心妈妈"2018年活动计划，可对该组织的活动有更详细的了解。该计划表示，通过走访，了解需求，初步决定针对全国范围内以下孤儿院进行如下帮扶慈善计划：（1）Marondera Child Care Society 有74名孤儿，有4间房子的房顶损坏需要修缮，预算为8000美元；（2）马布库地区的 Moyo Munyoro Disabilities Children Care 有15名残疾孩子，需要一个有雨棚的水泥地室外活动空间，预算为3000美元；（3）宾杜拉的 SOS 有孤儿224名，需要一个可持续的养蜂项目补贴开支，预算为800

美元；（4）计划向哈拉雷、卡诺伊、鲁萨皮、宾杜拉、马隆德拉、马布库等地的 10 家孤儿院捐助玉米面、玉米油、蔗糖、小鱼干、肥皂、香皂和学习用品，预算共计 10600 美元；（5）以上孤儿院都有失学孤儿，需要学费支持，爱心妈妈长期资助的孤儿院有两家，2019 年计划增加两家，资助四家孤儿院部分孤儿上学费用预算共计 5000 美元。以上捐赠仪式拟在哈拉雷某孤儿院统一进行，其他孤儿院派人来哈拉雷接受捐赠，并邀请政府相关部门和新闻媒体参加，"爱心妈妈"后续将派人赴各孤儿院监督修缮项目和捐赠物资的使用情况。

（二）建立自己的孤儿院

爱心妈妈们在各个孤儿院看到了太多需要帮助的孤儿，她们感到临时捐助物资只能解一时之难，要想彻底改变一个孤儿的命运，还需要建立一个自己的孤儿院，从物质到精神给予他们全面的照顾与培养。有鉴于此，"爱心妈妈"在中国驻津巴布韦大使馆的帮助下，于 2016 年 4 月从"中非民间友好行动基金"获得 3 万美元的资助。有了这笔钱之后，爱心妈妈们于 2016 年 4—6 月，利用周末时间走访了哈拉雷周边地区 12 家孤儿院，最后确定在非常贫困的哈特克里夫地区捐建一家孤儿院和一所学校，让孤儿们有一个温暖而舒适的生活环境，让附近村民的孩子也都能有一个良好的学习环境。

"爱心妈妈"的善举也感动了不少中资企业，中津水泥厂捐助了价值5000美元的水泥，中国工业国际建设集团又投入3万美元，且以最快的速度，仅用两个月的时间便修建起了一座轻钢结构的孤儿院。孤儿院还得到了来自中国政府、华商会等华人社区的帮助，他们为孤儿院捐助了家具、床上用品、食品等生活物资。爱心妈妈们则继续奔忙，和津巴布韦的慈善机构签署谅解备忘录，注册孤儿院，办理各种繁杂的手续。

荷萨纳爱心妈妈孤儿院（Hossana Love in Africa）在2016年7月12日竣工，8月12日举行交接剪彩仪式。孤儿院五室一厅两卫，占地近150平方米，12名由当地福利院选出的孤儿成为孤儿院收留的第一批孤儿。在交接仪式上，中国驻津巴布韦大使黄屏在致辞中说："这样的慈善行动能夯实中津友好的民意基础。中津是传统的友好国家，我们想让中津传统友谊一直持续下去，让中津友谊的大树越长越壮，成为常青树。"哈拉雷省省长米丽娅姆·奇库夸对中国"爱心妈妈"捐建孤儿院的善举深表感谢，她表示："我相信这所孤儿院可以给予这些失去家庭的孩子尊严和来自社会上的关怀。在我们面临因被西方制裁而导致资源短缺的困境时，'爱心妈妈'的努力给这些孤儿们带来了关爱、舒适与平安的环境,让他们在这里健康成长。"孤儿院院长亚伯·奇万博则表达了感激之情:"我们没有能力帮助这些孩子,我们觉得很无助,这是我们面临的最大挑战,直到我们见到了这个中国慈善组织,他们对我们的境遇非常同情,表示愿意帮助我们,并为我们建立了这个孤儿院,为孤儿和无家可归的孩子提供一个舒适的家。"①

李曼娟代表"爱心妈妈"和华商会进行了发言,她为孤儿院规划了长久的愿景:"孤儿院的落成并不意味着使命的结束,而是哈特克里夫地区孤儿慈善事业的开始。华商会将以此为基地,启动培训项目、教育项目和帮扶项目,争取让爱心妈妈孤儿院在不远的未来实现自足与自立,让这里的孩子接受更好的教育,成为未来社会的栋梁之材。""爱心妈妈"创始人彭艳也表示,孤儿院建成后,"爱心妈妈"会和当地儿童之家机构共同管理孤儿院,监督孤儿院物资和资金的使用,并持续对孤儿们的生活与学习提供帮助。

2018年12月19日,"爱心妈妈"在爱心妈妈孤儿院举办了2018年"爱在津巴"大型慈善捐赠仪式,共有2万多美元的生活、学习、生产用品被捐赠给津

---

① 刘畅:《华人慈善组织在津巴布韦贫困农村建立孤儿院》,2016年8月14日,http://news.cri.cn/20160814/6565a04c-2ac9-c907-133b-795d7b60f586.html。

巴布韦全国10所孤儿院。2019年2月,"爱心妈妈"与当地慈善机构Miracle Mission共同捐建的荷萨纳小学在爱心妈妈孤儿院内建成招生,学生除孤儿院的12名孤儿外,还接收了周边地区的50名儿童。

四 野生动物保护传递华人正能量

津巴布韦是非洲野生动植物的天堂,位于津巴布韦西北部的马纳普斯(Mana Pools)国家公园在1984年被联合国教科文组织确定为世界自然遗产,面积2196平方千米,生活着大象、狮子、羚羊、河马、鳄鱼、鬣狗和非洲野狗等350多种动物。马纳普斯既是野生动植物的天堂,也是盗猎分子的垂涎之地,由于专业化的非法盗猎行动,民间的盲目宰杀,政府在野生动物保护的投入上力不从心,以及人类对野生动植物生存环境的破坏,导致马纳普斯国家公园的野生动植物保护状况堪忧。如果没有外界的救助,许多野生动植物将面临大量死亡乃至灭绝的危险。在此种情况下,国际野生动植物保护组织开始将目光投向马纳普斯国家公园,在津华侨也积极投入到该地野生动植物保护的活动之中。

2011年,前津巴布韦华人华侨联合总会副会长、在津工作与生活近20年的宋黎女士在马纳普斯国家公园建立度假村，此后开始与意大利动物学博士弗朗斯斯科·马可纳迪（Francesco Marconati）一起，通过提供车辆、燃油和给养等方式，配合津巴布韦公园管理局在马纳普斯公园开展动物保护和反盗猎行动。2015年11月，为进一步参与马纳普斯公园的野生动物保护工作，宋黎与弗朗斯斯科等成立中津野生动植物基金会，其中宋黎担任基金会主席，弗朗斯斯科担任基金会总裁。

在中津野生动植物基金会的成立仪式上，时任环境部部长穆欣古里表示，自2000年津巴布韦遭到西方制裁以来，津巴布韦公园与野生动物管理局从政府、企业和知名非政府组织得到的支持越来越少，机构运营面临着资金不足和设备匮乏的困境。在这种情况下，中津野生动植物基金会的成立非常及时。中津野生动植物基金会是津巴布韦政府与中国私人之间开展的第一个正式的保护自然资源的合作项目，这说明中国是一个热爱动物的国家，并拥有可持续性的动物保护计划。基金会创始人宋黎女士也表示，大象、犀牛、穿山甲等高价值野生动物已经成为津巴布韦地方及国际盗猎集团的首要盗猎目标，但津巴布韦公园与野生动物管理局因在运输、巡逻设备等资源上较为匮乏，导致在保护动物方面承受着巨大的压力。基金会的成立可以给予管理局及相关野生动物保护机构一定的帮助。

基金会已从中国企业与个人处获得21.05万美元的资金，来自中国的动物园还将向基金会捐赠30万美元。①

基金会以保护津巴布韦野生动植物为宗旨，其在成立后以马纳普斯国家公园为基地，持续不断地配合公园开展反盗猎活动，用实际行动和专业的保护措施为津巴布韦反盗猎行动树立一个典范。成立至今，基金会已募集了价值75万美元的直升机、无人机、橡皮艇、车载通信电台和服装等物资，多次派遣基金会所属的动植物专家、救援专家、非洲教练志愿者等实地开展反盗猎活动，并积极在津巴布韦华侨华人及当地社会宣传保护野生动植物的重要性。2018年7月，基金会志愿者为一头大象佩戴了卫星定位项圈，此举将为在未来五年获得大象活动规律并开展科学研究提供科学的依据。

2019年7月，针对旱灾导致马纳普斯国家公园大量动物因缺乏饮水和草料而死亡的情况，基金会携手中非经济文化交流中心共同发起《关于救助津巴布韦MANA POOLS国家公园野生动植物的倡议书》，呼吁人们一起救助国家公园正在濒临绝境的野生动植物。倡议书写道："为了解救马纳普斯国家公园内困境中的野生动植物，我们急切向全球华人华侨求助：1.继续打若干口水井，在公园指定的区域内为野生动物提供

---

① 刘畅：《中津野生动物基金会成立 致力于保护津巴布韦野生动物》，2015年9月3日，https：//world.huanqiu.com/article/9CaKrnJP6KK。

水源；2. 急需征集动物食用的草料，以及为恢复动物体质急需的糖浆；3. 急需征集向公园运输草料的车辆，以及车辆用柴油；4. 继续募集资金，可用美元或津元捐献，将用来购买割草的设备，前往指定操场割草，为野生动物提供食物。"① 在基金会的呼吁下，很快便有草料和糖浆等被运送给了公园里的野生动物。

马纳普斯国家公园园长尼亚孔巴在接受新华社记者采访时对基金会的帮助表达了感激之情，"中国在履行野生动物保护责任方面做了很多事。无论是官方，还是民间，中国对我们的支持都是无条件和一如既往的。我们越来越感受到这种支持对我们反盗猎事业的帮助"②。在接受笔者采访时，宋黎也就基金会所开展的野生动植物保护工作表示："在非洲国家开展野生动植物保护已经成为国际社会的共识，我们之所以要参与进来，一方面是希望为津巴布韦的野生动植物保护贡献自己的一分力量，另一方面，我们也希望可以借此传递我们这些在津华侨的正能量，并由此给我们带来一些较为正面的形象。"③

---

① 中津野保基金会：《关于救助津巴布韦 MANA POOLS 国家公园野生动植物的倡议书》，《津巴布韦时报》微信公共平台，2019 年 7 月 15 日。
② 张玉亮：《在非洲，中国志愿者"自带干粮"反盗猎》，2017 年 7 月 17 日，http：//www.xinhuanet.com/local/2017-07/17/c_1121327916.htm。
③ 2018 年 8 月 1 日，笔者在哈拉雷对中国津巴布韦野生动植物基金会主席宋黎的采访。

除"梦想秀"、"爱心妈妈"组织和野生动物保护外，在津华侨社团还开展了其他一系列民间交流活动，如华联会在2015年2月携手华人足球队和当地两家专业足球队举办中津友谊足球赛；华商会公益部自2015年起连续五年组织"迎六一孤儿派对"，每年在哈拉雷组织三四次城市清扫活动，以及多次组织华人社区捐助物资救助灾区等。这些民间交流不仅有助于加强华侨华人与当地人之间的关系，更有助于推进中国与津巴布韦之间友好关系的发展。

结语 共建"一带一路",引领中津关系迈上新阶段

自1980年建交以来,中国与津巴布韦一直保持着友好的双边关系,并在国际舞台上,尤其是涉及双方主权等核心国家利益的场合相互支持、友好协作,两国之间的友好关系,可谓中非友好合作的典范。2018年4月,两国将双边关系升级为全面战略合作伙伴关系,9月,两国签署"一带一路"合作文件,中津关系进入新的发展阶段。在新的历史时期,两国都面临着社会经济发展的艰巨任务,尤其对于津巴布韦而言,其实现"2030年愿景"将会面临各种各样的挑战。在这一背景下,扎实推进"一带一路"建设与津巴布韦发展战略相对接,真正使共建"一带一路"落到实处、获得实效,将会引领中津关系迈上新的台阶。有鉴于此,本报告拟就中津两国共建"一带一路"提出如下建议。

一 提升津巴布韦在共建"一带一路"中的地位

从当前来看，中国虽然已经与40个非洲国家签署了共建"一带一路"的合作协议，但对接和推进较好的国家，仍为地区大国中与中国有产能合作的国家，如埃及、埃塞俄比亚、肯尼亚、坦桑尼亚、南非和尼日利亚等，津巴布韦在共建"一带一路"的地位，还有待进一步提高。之所以要提升津巴布韦在"一带一路"中的地位，原因在于：第一，津巴布韦资源丰富、经济基础较好，拥有较大的发展潜力；第二，津巴布韦在南部非洲举足轻重，中津共建"一带一路"，可带动与周边国家共建"一带一路"的步伐；第三，津巴布韦当前正处于社会经济发展的转型期，亟须外部支持，中国此时加大对津巴布韦的支持，可谓雪中送炭，有利于进一步推进和巩固全面战略合作伙伴关系。

二 推进两国治国理政交流

津巴布韦当前经济改革与发展所面临的最大问题，在于姆南加古瓦政府的治国理政能力还有待进一步提升，而这突出地表现在腐败问题严重和政府办事效率低下两个方面，如针对腐败问题，姆南加古瓦在2019年10月1日的国情咨文中明确表示："腐败阻碍了我们的发展，挫伤了我们改革的动力，增加了我们改革的成本并掠夺了民众的收入，政府将进一步加强反腐败机构的权力。我们别无选择，必须要让我们的社会摆脱这种腐败癌症，现在是能够落实问责制并提高行政透明度了。"推进两国治国理政交流，可从以下几个方面着手：第一，加强两国政府和执政党官员之间的交流，增加双方互访的频率；第二，中方可更有针对性地为津方官员举办各种类型的培训班，并为此专门编撰一批介绍中国治国理政经验的教材；第三，中国政府可协助津巴布韦政府尽快实现办公自动化；第四，加强两国在反腐败领域的交流与合作，使津巴布韦政府尽快明确反腐工作的严重性与重要性，腐败问题不解决，社会经济发展必将受到严重制约。

三 加强两国发展经验共享

津巴布韦著名记者奇卡瓦2019年9月在津官方媒体《先驱报》撰文指出，过去40年间，以中国为代表的"亚洲虎"的崛起，特别是中国模式的成功探索，开拓了一条不同于资本主义国家的现代化新路径，打破了那种现代化只有西方一种路径、一种模式的神话，给世界上那些既希望加快发展又希望保持自身独立性的发展中国家，尤其是非洲国家提供了一种全新的选择。津巴布韦目前正处于社会经济转型期，正在致力于经济改革、对外开放和实现2030年愿景，这与中国自改革开放以来所经历的经济发展之路相类似，因此可以充分借鉴中国在吸引外资、创办经济特区、国有企业改革、产业发展规划、货币政策、城市化进程、绿色发展和协同发展等方面的经验。鉴于中津长期以来的友好合作关系，中国也应积极主动地向津巴布韦分享发展经验，一方面，可通过研讨会、培训班等方式，邀请津巴布韦负责经济事务的官员和从事经济研究的学者前往中国考察、学习和调研，增强他们对中国发展模式的认同感和中国发展成果的感性认识，使他们真正愿意借鉴中国的发展模式；另一方面，中国可派遣著名经济学家前往津巴布韦考察和调研，在向津方分享发展经验的同时，有针对性地提出推动津巴布韦经济快速发展的意见与建议。

四　深化两国经贸领域合作

中津共建"一带一路"，从根本上还是为了深化两国经贸合作和推动两国经济发展。从当前来看，中国虽然已经成为津巴布韦最大的投资来源国和第四大贸易伙伴，但两国在经贸领域的合作仍然还存在很大的提升空间。通过最近几年连续前往津巴布韦调研，本报告认为两国可在"一带一路"的框架下，在以下几个方面深化经贸合作。第一，将津巴布韦纳入人民币在非洲的离岸清算中心，此举不但可增强当地银行业的信心，还将为两国之间的资金融通和贸易畅通提供更大的便利。第二，采取税收减免等各种贸易便利化措施，推动两国贸易额再上新的台阶。对于中国而言，可加大对津巴布韦柑橘、咖啡、鲜花和牛肉等农牧产品的进口力度，对于津巴布韦而言，可更多地从中国进口机电产品、高新技术产品，以及化肥和农药等农用物资。第三，继续加大对津巴布韦的投资力度，投资重点可放在农业（农产品加工、农用物资生产）、旅游业、制造业、光伏产业和矿产品冶炼与加工业上面，可考虑与津巴布韦政府磋商建立农业产业园、制造业产业园和矿业产业园。第四，积极在津巴布韦开展大型工程承包业务。中国在津巴布韦的工程承包额在2013年曾一度达到近10亿美元，此后由于津巴布韦经济下滑，工程承包额大幅度下滑，在2017年仅为3亿美元。随着姆南加古瓦政府加大经济改革与吸引外资的力度，津巴布韦将在未来一段时间内扩大基础设施建设，以建立和完善配套的吸引外资的硬件措施，这为中国企业在津开展承包工程和争取大项目创造了机遇。

五 加强两国民心相通

"国之交在于民相亲，民相亲在于心相通。"加强两国民心相通，让两国民众更加客观、真实地了解对方，有助于推进两国共建"一带一路"和加快构建全面战略合作伙伴关系的步伐。加强两国民心相通，可从以下几个方面做好工作。第一，在现有基础上增加中津文化艺术团体互访的频率，同时在文艺演出时加大媒体报道的力度，使双方民众尽可能多地了解并对彼此的文化艺术产生兴趣。第二，充分利用好孔子学院、援津医疗队和农业专家组等现有渠道，以润物细无声的方式做好两国民心相通工程。第三，建立两国青年群体多层面交流的机制，扩大津巴布韦留学生来华学习的人数和规模，并同时做好来华留学生档案及毕业后跟踪系统，以此扩大津巴布韦对中国友好的群体。第四，加强两国媒体合作，一方面，可邀请更多的津巴布韦媒体工作者来华交流与学习；另一方面，更多地在津巴布韦主流媒体发声，全面介绍中国政治、经济与社会发展的经验与成就，以及中非关系和中津关系友好关系的进展。第五，充分利用在津华侨华人的力量，可考虑对"梦想秀"、"爱心妈妈"组织和中津野生动植物基金会等运作较好的民间交流团体提供资金和政策等方面的支持。

参考文献

陈玉来编著：《津巴布韦》，社会科学文献出版社 2010 年版。

丁工：《浅谈中国的全球伙伴关系》，2017 年 11 月 28 日，中国日报网（http：//world.chinadaily.com.cn/2017－11/28/content_ 35104042.htm）。

国务院侨办侨务干部学校编：《华侨华人概述》，九州出版社 2005 年版。

贺文萍：《"一带一路"与中非合作：精准对接与高质量发展》，《当代世界》2019 年第 6 期。

《江泽民主席与穆加贝总统会谈》，《人民日报》1996 年 5 月 22 日第 1 版。

李安山：《中非合作的基础：民间交往的历史、成就与特点》，《西亚非洲》2015 年第 3 期。

刘畅：《撒哈拉之南：女记者的非洲视界》，社会科学文献出版社 2018 年版。

商务部国际贸易经济合作研究院等主编：《对外投资合

作国别（地区）指南：津巴布韦》（2018年版）。

沈晓雷：《津巴布韦"后穆加贝时代"以来的政治变迁》，《当代世界》2019年第3期。

沈晓雷：《津巴布韦政局变化与执政党津民盟的政策走向》，《当代世界》2018年第1期。

沈晓雷：《试析中国新移民融入津巴布韦的困境》，《国际政治研究》2015年第5期。

孙灿：《中国与津巴布韦经贸合作研究（2000—2018）》，硕士学位论文，上海师范大学，2019年。

《习近平同津巴布韦总统穆加贝举行会谈》，《人民日报》2014年8月26日第1版。

姚桂梅、许曼：《中非合作与"一带一路"建设战略对接：现状与前景》，《国际经济合作》2019年第3期。

《中津三个政府间协议在哈拉雷签署》，2017年12月9日，中国外交部网站（https://www.fmprc.gov.cn/web/zwbd_673032/wshd_673034/t1518001.shtml）。

C. Manyeruke and L. Mhandara, "Zimbabwe's Views on Current Transformation of the International System", *Global Review*, 2011.

Giles Mohan & Dinar Kale, *The Invisible Hand of South-South Globalization: Chinese Migrants in Africa*, A Report for the Rockefeller Foundation prepared by The Development Policy and Practice Department, The Open University, Milton Keynes, MK7 6AA, UK, 2007.

Mthandazo Nyoni, "Zim Trade Deficit Narrow by 71%", *News Day* (Harare), July 11, 2019.

"Rice Stays Close to Bush Policies In Hearing", *The Wastington Post*, January 19, 2005.

"Statement by Chinese President Xi Jinping: Let the Sino-Zim Flower Bloom with New Splendor", *The Herald*, November 30, 2015.

The Council of the European Union, *Council Common Position of 18 February 2002: Concerning Restrictive Measures Against Zimbabwe* (2002/145/CFSP), published by Official Journal of the European Union, L. 50, Vol. 45, February 21, 2002.

The Senate and House of Representatives of the United States of America, *Zimbabwe Democracy and Economic Recovery Act of 2001*, December 12, 2001.

沈晓雷，中国社会科学院西亚非洲研究所、中国非洲研究院助理研究员，主要从事非洲政治、非洲民族、南非和津巴布韦国别问题研究。在《西亚非洲》《国际政治研究》《世界民族》《国际政治科学》等核心期刊发表论文多篇，翻译出版《龙的礼物——中国在非洲真实的故事》等多本著作。